자기역사를 기록하는 방법론, 이 한 권에 모두 담았다!

지금은 자기역사를 써야 할 시간

김 호 영 저

신아출판사

사전 독자 후기

김희택(경영학 박사, 전 ㈜DRB동일 부사장)

그동안 읽은 자기역사쓰기 관련 여러 책들 중 실질적으로 도움이 되는 유일한 지침서라고 평가할만합니다. 예시된 내용들을 따라가다 보니 어느새 나의 자기역사쓰기가 완성되었습니다.

김대진(우석대학교 교수, 전 SC제일은행 부장)

자기역사쓰기 분야에서의 핵심적인 가이드라인을 제시하고 있습니다. 현재 진행하고 있는 『김대진의 자기역사쓰기』를 완성하는 데 최고의 동반자가 될 것으로 확신합니다.

봉영권(컨설팅법인BCM 대표, 전 웅진그룹 부장)

자기역사쓰기에 착수는 했는데 '무엇을 어떻게 쓸까'에 대해 헤매는 사람에게 이보다 더 좋은 안내자는 없다!

김상덕(공학박사, (사)한국기업재난관리사회 회장, 전 한국남부발전 본부장)

김호영 박사님의 글쓰기 특징 중 두드러지는 부분은 쉬운 단어로 전달하고자 하는 내용의 핵심을 직격하는 것인데, 이 책에서 또 한 번 그 진가를 유감없이 발휘했군요.

김인수((주)에이스코팅산업 대표이사)

나의 살아온 발자취를 기록하기 위해 여러 책을 읽어봤지만 실제적으로 도움이 되지 않아 중단하고 있었는데, 이 책이야말로 내가 그동안 그토록 학수고대하던 바로 그것이다.

서정수(경영학박사, 경수고속도로(주) 부장)

제목을 보는 순간부터 마음을 설레게 한, 바로 그 책! 역시 김호영 교수님은 나의 기대를 저버리지 않으셨다.

이찬무(기업재난관리사, ㈜화성광주고속도로 과장)

대학원에서 좋은 강의로 함께 할 수 있어 무척 행복했는데, 이제는 새로운 분야를 개척하고 계시는 교수님의 열정에 박수를 보내드립니다. 이 책을 통하여 미뤄두었던 저의 자기역사쓰기를 서둘러 완성하겠습니다.

조정아(경영컨설턴트)

와우! 제가 기다리던 책입니다. 무엇보다도 따라 하기 쉽게 정리된 것이 가장 돋보이이네요. 그리고 정돈된 단어의 사용은 평소 김호영 박사님의 성품을 많이 닮았구요.

최상록(한국스마트컨설팅교육원 원장, 전 한국생산성본부 상무이사)

공·사기업 및 대학원에서 강의와 컨설팅으로 다져진 역량이 이제는 글쓰기로 전환하고 계시는 김호영 박사님의 도전정신에 다시 한 번 감동입니다. 이 책을 읽은 사람은 누구든지 자신의 지나온 발자취를 기록하지 않을 수 없을 것입니다.

김종민(동명기술공단 전무)

자기역사쓰기란 현재의 관점에서 과거를 재해석하는 작업이라는 저자의 말씀에 전적으로 공감하고, 동의합니다. 자기역사쓰기는 이론이 아니라, 실제적인 접근을 통해 이룰 수 있는 영역인데 이 책이야말로 독자의 갈증을 시원하게 해소해 주는 사이다입니다.

김광수(경영학 박사, 서울미디어대학원대학교 총장)

김호영 선배님의 글은 늘 청량하다. 이번 저서 역시 나의 기대를 뛰어넘는다. 자기역사쓰기를 계획하고 계신 분들에게 강추합니다.

권명수(철학박사, 전 한신대학교 교수)

자기역사쓰기 지도사 교육과정을 통해서 배운 내용들을 한 권의 책으로 정리하신 것을 환영하고, 축하합니다. 그리고 강의 보충 교재로써 최적입니다.

문정흠(경영학 박사, 인천시설관리공단 사업단장)

자기역사쓰기 지도사 교육과정 덕분에 나의 지나온 삶을 기록·정리할 수 있는 기회를 주신 것에 감사드립니다. 또한 교육 중에 배우지 못한 부분들을 이 책을 통해 학습할 수 있어 영광입니다.

조창현(나우미가족문화연구원 소장)

모든 부부가 이 책을 활용하여 자기역사를 기록할 수 있다면 이 땅에 부부 갈등은 모두 사라질 것이다!

최재숙(철학박사, 심리치유영성원 '예수 위로의 집' 원장)

김호영 박사님의 강의와 저서를 통해 자기역사쓰기가 심리치유의 훌륭한 수단이 될 수 있다는 것을 확신하였다. 결론, 모든 글쓰기는 치유다!

한용걸(성공회 대전교구 사제 & 사단법인 함께걷는길벗회 이사장)

자기역사쓰기야말로 글을 쓰고자 하는 사람들에게 매우 좋은 입문 기회가 될 것으로 믿는다.

윤흥구(한전KDN(주) ICT본부 부사장)

일전에 김호영 박사께서 제 사무실에 찾아와 책을 쓰신다는 얘기를 들었는데, 드디어 빛을 보게 되어 기쁘고 축하드립니다. 출간되자마자 제일 먼저 서점으로 달려갈 겁니다. 궁금하고, 기대됩니다.

이재권(공학박사, 동원대학교 교수)

선배님! 제 어머님에 대한 자기역사쓰기를 준비하던 차에 선배님께서 소중한 참고자료가 될만한 책을 출간해 주셔서 천군만마를 얻은 느낌입니다.

김교원(목회자, 한눈으로 보는 성경연구원 원장)

크리스천들이 믿음의 자기역사를 쓰는 과정에서 반드시 참고해야 할 자료라고 확신합니다. 크리스천들에게 일독을 권합니다.

Prologue

한 인생이 살아 온 궤적(발자취)을 자신의 펜 끝으로 기록하는 일은 실로 숭고한 일이다!

계획된 우연(planned happenstance)[1]일까, 2020년 1월 3일 서울의 대형 서점을 서성이다가 다치바나 다카시의 저서 『자기역사를 쓴다는 것』을 발견했다. 단지 한 번 읽어보면 좋겠다는 심정으로 그 책을 손에 넣었다. 책장에 꽂아둔 채 1년을 그 녀석과 눈싸움을 한 끝에 2021년 1월 9일 1회독을 겨우 끝냈다. 그 후 다시 1년을 잊고 지냈다. 좋은 책은 한 번 이상 읽는 습관이 발동해서 2022년 1월 10일 2회독을 마쳤다. 여운이 깊었다.

참 좋은 책이구나 싶었다. 그러면서 마음 한켠에선, 별로 내세울만한 업적을 남긴 인생은 아니지만 나도 내 역사를 한 번 써보면 좋지 않을까라는 욕망이 살며시 고개를 내밀었다. 읽기만 하는 바보가 되어서는 안된다는 강박이 나를 더욱 쓰기의 절벽으로 내몰았다. 여러 날 고민 끝에 결심을 했다. 그게 2022년 2월의 일이다.

"그래 쓰자"

어렵게 결심했지만 어떻게 접근해야 할지 몰라 자서전 쓰기 관련 다른 저자의 책들을 읽었다. 글쓰기는 자료 싸움이라는 말에 공감하면서 동사무소에서 제적등본, 주민등록등 · 초본, 가족관계증명서 등을 발급받았다. 그리고 초 · 중 · 고등학교 생활기록부도 필요할 것 같아, 용인시 교육지청에 연락을 했더니 근처 학교에 가서 요청하면

---

1) 크롬볼츠(Krumboltz)의 사화학습이론 중 하나로 삶에서 만나게 되는 우연적 사건들이 긍정적인 효과를 가져와서 그 사람의 진로에 연결된다는 뜻이다.

된단다. 즉시, 동네의 초등학교로 달려갔다. 30분을 기다려 원하는 자료를 팩스로 받았다. 신기했다. 대한민국 행정서비스 수준이 신기했고, 아직도 나의 생활기록부가 폐기되지 않고 보존되어 있다는 것에 감탄했다. 그리고 감격했다.

먼지 쌓인 상자 속, 그리고 앨범의 비닐 껍질 속에 싸여 각종 포즈를 취하며 웃고, 때로는 무표정의 사진들을 한 장 한 장 들추어내었다. 기억에서 이미 지워졌을 것 같았던 장면들이 재생되기 시작하였다. 이 또한 신기한 일 아닌가. 나의 뇌는 이 순간을 위해 오래전에 보고, 듣고, 말하고, 느끼며, 웃고 울었던 장면들을 컴퓨터의 저장장치처럼 디렉토리로 분류하여 차곡차곡 과거의 정보들을 쌓아 두었던 것이다.

Surprise! 그 기능이 참으로 놀랍다.

쓰다 보니 스스로 감동이 되었다. 오래 동안 숨겨두었던 크고 작은 상처들이 다시 소환되면서 나를 괴롭혔다. 그러나 모든 아픔은 드러내면서 치유가 시작된다는 사실을 경험하게 된 것은 또 다른 수확이었다. 여인들의 수다가 바로 치유의 수단이라지 않은가. 그동안 잘한 결정이나 행동보다는 아쉬운 결정이나 행동들이 훨씬 더 많았음을 스스로 고백하지 않을 수 없었다.

"그때는 왜 그랬을까?"

생각해 보면 머리를 쥐어뜯고, 가슴을 쳐야 할 만큼 미흡한 행위들에 왜 그땐 그게 대단한 진리인 양 집착했는지...

용서 중에 자신에 대한 용서가 가장 어렵다는 것이 조금은 이해가 되었다. 큰 깨달음이다. 그게 곧 회개란 것을 알게 되었다. 자신을 진심으로 용서하는 자가 타인을 용서할 수 있다는 것! 자신을 진정으로 사랑하는 자가 타인을 사랑할 수 있다는 말과 같은 맥락일 것이다. 그러니 모든 것의 출발지점은 자신이어야 한다. 어렵지만 내가 평생도록 넘어야 할 산맥이다. 아직도 나는 갈 길이 멀다.

나의 자기 역사 쓰기 『미완의 시간여행』 집필 작업이 중반을 넘어서면서 마음속에 새로운 비전이 솟아났다. “모든 사람들이 자신의 역사를 기록하는 일이 벌어진다면 얼마나 멋진 세상이 펼쳐질까?” 에 생각이 꽂혔다.

환상인가? 그런데 그런 엄청난 일을 어찌 나 혼자 할 수 있겠는가. 그러려면 자기 역사 쓰기 방법을 강의하고, 코칭이나 컨설팅을 할 리더들을 양성해야만 가능할 것 같았다. 머리에 떠오르는 대로 사업모델(BM, Business Model)을 설계하여 그 동안 함께 교류해 온 주위의 동료들에게 설명했는데, 반응이 나쁘지 않았다. 함께 할 것을 강권하였다. 교육훈련 프로그램이 필요했다. 예전에 근무했던 직장인 한국생산성본부에서 인적자원개발(HRD) 프로그램을 운영해 본 경험이 있어, 바로 교육훈련 프로그램을 설계했다. 그리고 이왕이면 자격과정으로 운영하고 싶었다. 그래서 탄생한 것이 「자기 역사 쓰기 지도사 양성과정」 2)이다.

7명의 동지들이 참여했다. 드디어 2022년 6월 18일 제1기 자기 역사 쓰기 지도사 양성을 위한 10주 교육과정을 개강했다. 스스로의 자기 역사 쓰기 과정에서 경험한 바와 그동안 습득한 글쓰기에 관한

---

2) 자기 역사 쓰기 지도사 과정은 2023년 5월 30일부로 교육부 지정 민간자격 과정으로 등록되었음

지식의 조각들을 체계적으로 정리하여 학습자료를 만들었다. 강의와 워크숍을 병행하면서 10주의 과정을 성공적으로 마쳤다. 6·7·8월, 뜨거운 여름을 뜨거운 열정으로 보냈다. 해냈다는 기쁨과 자신감이 붙었다.

여세를 몰아 제2기는 10월 15일~12월 17일, 제3기는 2023년 1월 7일~3월 18일! 숨 가쁘게 달려 온 1년이었다.

그동안 경험하고 학습한 내용들을 바탕으로 평범한 사람들이 쉽게 접근할 수 있는 자기 역사 쓰기 안내서를 내고 싶었다. 과거 유명한 사람들의 전유물처럼 여겨왔던 분야를 대중화시키는 것이 나의 비전이 되었다. 그래서 용어도 자서전 쓰기가 아니라, 자기 역사 쓰기로 사용하고 있다. 역사가 없는 사람이 없기 때문이다. 10살짜리 아이에게는 10년의 역사가, 60년을 산 사람은 60년의 역사가 있다. 따라서 자기 역사 쓰기는 남녀노소 상관이 없이 시도해 볼만한 작업이다. 세상은 99% 평범한 사람들이 씨줄 날줄로 엮여져 살아가는 공간이다. 그렇다고 그들의 삶의 스토리마저 평범해야 한다는 법은 없질 않은가? 그들에게도 소설책 5권으로는 턱도 없는 인생 이야기가 있다. 그리고 자기역사란 길이의 길고 짧음이 있을 뿐, 내용과 모양은 제각각이며 개별적이다. 내가 주목하고 있는 것이 바로 그 지점이다.

본서는 크게 네 부분으로 구성되었다.

첫째는 자기역사를 왜 써야 하는지에 대한 당위성,

둘째는 자기 역사 쓰기를 위한 사전 준비사항,

셋째는 무엇을 쓸 것인가,

넷째는 어떻게 글을 마무리 할 것인가 등에 관하여 정리하였다.

책을 출간함에 있어 한가지 바램이 있다. 이 땅에 사는 모든 이들이 자신의 역사를 썼으면 좋겠다는 것이다. 이 책이 거기에 작은 불씨가 되길 기대해 본다. 최근 출판시장 상황이 녹록치 않음에도 불구하고 흔쾌히 출간을 해주신 출판사 관계자분들에게 감사를 드린다. 무엇보다도 이 순간 숨을 쉬며 살며 꿈을 꾸는 삶을 주신 나의 하나님께 감사, 또 감사드린다.

2023년 7월 18일
동천동 작은 커피숍에서

차 례

03 자기 역사 쓰기에 한 발 다가가기

04 무엇을 쓸까?

05 글 품질관리

06 부 록

01

지금은 자기 역사를 써야 할 시간

; 기록해야 역사다!

01

기록된 것만이 역사다

기록하는 순간, 그것은 역사가 된다. 반대로, 기록되지 않은 과거는 역사가 될 수 없다는 뜻이다. 따라서 지나온 내 발자국들을 기록하는 일은 숭고한 역사를 만드는 작업이다.

사람은 원래 자신이 지나온 발자취를 더듬어 보려는 욕구를 지녔다. 그래서 어떤 사람들은 "내가 살아온 역사를 기록하면 소설책 다섯 권으로도 모자랄 것이다."라는 말로 자신의 굴곡진 삶에 대한 애환을 토로하기도 한다.

정말 그럴 것이다. 그만큼 모든 사람에게는 자신만이 겪은 독특한 삶의 스토리가 있다. 그리고 쓸 수 있는 능력만 있다면 그걸 기록하고 싶어 한다. 산하(山河) 계곡의 바위에 새겨 넣은 각종 낙서의 흔적들, 집안 어딘가에 켜켜이 쌓아둔 사진들이 바로 그 징표다.

디지털 기기가 보급되면서 오늘날에는 자신의 발길이 닿았던 곳은 물론 그곳에서 누구와 무얼 먹었는지에 대해 인증샷을 한다. 심지어 일상에서 일어나는 일들을 SNS를 통해 별 거리낌 없이 공개한다. 때로 그런 활동들은 크고 작은 수입으로 연결되기도 한다. 바야흐로 기록이 돈이 되는 시대이다.

왜 인간은 이처럼 기록에 집착하는 것일까?

첫째, 이성을 가진 인간들이지만 기억의 한계에 대한 보완 수단으로써 기록만큼 확실한 것이 없기 때문일 것이다. 기록은 기억을 남기기도 하지만, 반대로 기억이 기록을 남긴다. 이래저래 기억과 기록은 상호작용을 통하여 서로가 서로에 대한 대체 기능과 보완기능을 더욱 고도화시키는 역할을 한다. 즉, 기억을 강화하려면 더 정교한 기록이 필요하며, 기록물의 질적 수준을 높이는 데는 보다 선명하고 체계적인 기억의 조각들이 동원되어야 한다.

기록에 집착하는 두 번째 이유는 말(언어)에 의한 의사전달의 한계 때문이다.

"말로써 말 많으니 말 말을까 하노라."

조선 영조 때에 김천택이 편찬한 시조집 청구영언(靑丘永言)에 수록된 작자 미상의 시조(時調) 마지막 장에 소개된 글이다. 기쁠 때 말이 많아지면 실수하기 쉽고, 슬플 때 말이 많아지면 예의에 어긋나기 쉬워진다. 말로 인한 부작용을 경계하는 메시지다.

어디 그뿐이겠는가? 독자들이 그 동안 말로 맺은 숱한 약속들을 생각해 보라. 예를 들어, 어떤 두 사람이 "내일 오후 대여섯 시 경에 만나자" 고 하여 한쪽은 다섯 시에 약속 장소에서 도착했고, 다른 한쪽은 여섯 시에 현장에 나타났다. 누가 시간을 어긴 것인가?

이런 상황을 방지하기 위해 서로 휴대폰을 꺼내 다섯 시든, 여섯 시든 명확하게 기록해 놓는다면 이런 유(類)의 상황을 미리 예방할 수 있었을 것이다. 또 하나, 이런 경우는 어떤가?

오랜만에 옛 친구를 길에서 만났다. 그런데 그 친구와 길게 얘기할 상황이 아니다. 그럴 때 남자들이 일반적으로 하는 말이 있다.

"다음 주에 만나 저녁이나 같이 하자."

독자들 중에 다음 주가 되어 그 친구하고 저녁 식사를 했던 기억이 있는가? 이럴 때 어느 한쪽이 기록을 했다면 아마 상황을 달라졌을 것이다. 이처럼 독자들 중 말에 의한 약속 때문에 낭패를 겪지 않은 사람이 있을까 싶다. 그래서 법률은 구수증서(口受證書)[3]에 의한 유언을 매우 엄격하게 다루고 있다. 즉, 유언자가 질병 등 급박한 사유가 있는지가 매우 중요한 판단 기준이 된다. 뿐만 아니라, 구수 증서에 의한 유언은 2명 이상의 증인이 참여해야 함을 요구하고 있다. 사람의 말은 결코 끝까지 믿을 게 못 된다는 전제가 반영된 결과이다. 그러니, 독자들이여 가능한 대로 자신의 경험과 행로에 대해 기록하는 습관을 갖기를 바란다.

세 번째 이유는 자신의 존재가 묻혀지지 않을까에 대한 염려 때문이다.

이 부분이야말로 자기 역사 쓰기의 필요성과 직접적으로 연관이 있는 대목이다. 2022년 11월 15일 기준 세계 인구는 80억 명을 넘어서고 있다. 그러나 아무리 세계 인구가 많다고 해도 인간은 철저하게 개별적인 존재이다. 그만큼 존엄한 존재이며, 유일무이(唯一無二)하다. 따라서 정상적인 삶을 살아온 사람이라면 거의 예외 없이 자신의 발

3) 구수(口受)란 입으로 말을 해서 상대방에게 전하여 그것을 기억하게 하는 것을 의미한다.

자취를 남기고 싶어 한다. 그런 욕구들을 반영하는 활동들이 일기쓰기 혹은 사진 찍기 형태로 나타나는 것이다.

여기에서 좀 더 진보된 형태로 나타나는 것이 바로 자기 역사 쓰기(자서전, 회고록 등)[4]이다. 자신에 대한 기록의 형태는 매우 다양하다. 소설, 산문, 시(詩), 사진해설 형태 등 글쓰는 이의 취향대로 기록하면 된다. 특별한 형식이나 내용의 좋고 나쁨이 없는 점이 자기 역사 쓰기의 장점이요, 특징이다. 중요한 것은 "꼭 쓰겠다." 고 다짐하고, 그대로 실행하는 것이다.

구슬이 서 말 씩이나 있으면 뭐하나. 수십 년 살아오면서 누적되고, 흩어진 구슬들(경험, 지식, 교훈, 가치 등)을 꿰어야 할 시점이 바로 지금이다. 바로 시작하라.

4) 필자는 자서전이 특정한 사람들의 전유물이라는 인상을 준다는 이유로 '자기 역사 쓰기' 라고 명명하였다.

02

그대, 지금 무엇을 꿈꾸는가

사람들의 생각과 행동 패턴이 달라지고 있다. 기대수명이 길어지고, 높은 학력수준을 바탕으로 오랜 경제활동을 유지해온 덕택에 먹고 사는 문제에서 해방된 사람들은 인생 후반부를 이전 세대와는 다른 관점에서 바라본다.

그냥 '건강한 삶을 얼마나 오래 지속할 것인가'에서, '무엇을 하면서 건강한 삶을 살 것인가'에 더 많은 관심을 가지고 있다. 그래서 드나드는 곳이 평생교육원이나 문화센터이다. 운동 프로그램 뿐만 아니라, 새로운 지식이나 기술을 배우기 위한 강좌들은 시니어 지원자들로 문전성시를 이룬다. 정부의 복지지원 정책의 일환으로 이루어지는 교육비 지원이 한 몫을 하고 있다. 어쨌든 바람직한 현상이다.

다음의 표에 소개된 내용이 절대적일 수는 없지만 참고할만한 자료로는 충분하다. 먼저, 65~75세의 내용을 보자. 분명 이 시기는 신체적인 건강이 받쳐주기만 한다면 아직도 활발하게 사회생활을 할 수 있는 연령대이다. 특히, 유엔의 기준[5])이 그렇듯이 65세에서 75세

정도까지는 아직도 팔팔한 청춘 같은 인생들이 많다. 2023년 현재 104세인 김형석 교수의 말을 빌리면, 이 시기가 인생의 황금기였다고 회고하고 있다. 필자 역시 그 말씀에 전적으로 공감하며, 동의한다.

과연 시니어들의 연령대별 바람직한 활동의 방향은 무엇일까? 다음 표는 일전에 H생명보험에서 설계한 내용이다.

▌시기별 바람직한 은퇴생활 준비(권장사항)▐

시기별 / 활동별	활동기(65~75세)	회상기(75~80세)	간병기(80세 이후)
꿈	여행(해외 및 국내)	인연만나기 (학교, 사회 등)	아름답게 늙어가기
건강	운동(등산, 골프, 걷기 등)	산책하기	밥 잘 먹고, 의사 조언 잘 따르기
배우고 즐기기	• 취미생활(요리, 음악, 미술, 서예, 사진, 농사 등) • 독서 • 글쓰기(기행문, 자기역사 쓰기, 일기, 블로그 활동 등)	강연듣기, 맛있는 음식 해먹기	읽고 싶었던 책읽기

65~75세의 시기는 마음먹기에 따라 여유를 가지고 다양한 분야에서 원없이 배우고 즐길 수 있는 연령대인 것은 맞다. 물론, 건강한 신체와 재정적 기반이 어느 충족되어야 한다는 전제는 있지만 말이다.

이 대목에서 필자는 특별히 자기 역사 쓰기에 도전해 보라고 권유하고 싶다. 첫번째 이유는, 균형 잡힌 건강관리를 위해서다. 대부분

---

5) 유엔에서 정의한 청년의 기준이 18~65세라고 하지만, 아직은 논란의 여지가 있다.

의 사람들은 건강관리 영역을 신체적인 부분과 적절한 섭생(식단)만을 중심으로 생각하고, 관리한다. 매우 편협한 생각이다. 필자는 한동안 뇌 관련 자료들을 열심히 탐독한 적이 있었다. 거기에서 새롭게 깨달은 바가 많다. 뇌 건강과 신체건강과는 매우 밀접하게 연계되어 있다는 사실이다. 즉, 뇌건강이 신체건강이다. 뇌를 건강하게 관리하는 활동이야말로 신체건강에 매우 유익하게 작동한다는 것이다. 물론, 신체운동과 적절한 식단이 뇌 건강에 긍정적인 영향을 미친다.

그렇다면 구체적으로 어떤 활동들이 뇌 건강에 유익하게 작동하게 될까? 가장 먼저 추천하는 것이 바로 글쓰기다. 그 외에 약간 버거운 목표에 도전하기, 책읽기, 낯선 곳 여행하기, 다른 사람들과 즐겁게 대화하기, 그리고 뇌에 좋은 음식 섭취하기 등이 뇌 건강에 특효약들이다. 글쓰기야말로 뇌를 가장 확실하게 활성화시키는 최고의 활동임에 이론의 여지는 없다. 그리고 글을 쓰는 작업은 당사자에게는 약간 버거운 목표이기에 더욱 뇌 건강을 강화하는 데 도움을 준다. 그런데도 글을 쓰기를 주저하는 이유는 거의 공통적이다.

"잘 쓰지 못해서"

맞다. 그러나 그런 생각은 특정한 누구에게만 해당되는 말이 아니다. 세상에 글쓰기가 쉬운 사람이 있을까 싶다. 글쓰기는 모두가 어려워하는 영역이다. 물론 선천적인 재능이 약간은 있을 것이다. 그러나 연습하면 어느 정도 수준에는 이를 수 있는 기술(skill)의 영역일 뿐이다. 유일한 변수는 쓰고자 하는 의지의 여부이다.

필자가 본격적으로 책을 쓰기 시작한 것은 IMF 시기 때부터이다. 그 전에는 공·사 기업체 강의와 컨설팅으로 먹고 살만 했다. 그런

안락한 시절은 어느 날 들이닥친 IMF라는 복병으로 인하여 협당하는 신세가 되었다. 하는 수 없이 먹거리의 원천을 바꾸는 패러다임 전환이 필요했다. 가장 먼저 시도한 것이 책쓰기였다. 그동안 강의했던 내용을 정리하여 책으로 냈다. 제법 팔렸다. 그게 기반이 되어 강의 요청이 늘어나는 계기가 되었다. 처음 낸 책의 내용이 얼마나 훌륭했겠는가? 잘 쓰진 못했지만, 내 손으로 책을 썼다는 것에 마음이 뿌듯했다. 그 짜릿한 느낌, 지금도 마음 한 켠에 보관되어 있어 가끔씩 들여다보곤 한다.

2022년 쓴 김호영의 자기 역사 쓰기『미완의 시간여행』까지 합치면 지금까지 열권을 넘겼다. 그렇다고 글쓰기가 쉬워진 건 아니다. 중요한 것은 쓰는 작업을 멈추지 않겠다고 결심하고, 그것을 지키는 일이다. 가능한 한 단 줄이라도 매일 쓰려고 한다. 그 약속을 지키기 위해 어떤 때는 책을 읽다가 마음에 와 닿는 문장을 책의 여백에 필사하는 것도 그날의 약속을 지킨 것으로 계산에 넣는다.

그래서 그런 것일까, 두뇌가 아직은 녹슬지 않았다는 느낌이 들 때가 가끔 있다. 새로운 아이디어를 창출하고(generating) 현실화하는 것에 큰 장애가 없다. 물론 기억력이 예전 같지 않은 것만은 분명하지만 말이다.

03

자기 역사를 써야 할 이유

사람들은 왜 자기역사를 기록하는 걸까? 아니, 왜 기록해야만 하는 것으로 생각할까? 필자는 이에 대한 답을 자기역사를 쓰는 과정 중에 느끼고, 경험했다. 정리하면 3가지로 요약할 수 있겠다.

- 자신의 정체성(identify)을 확인하는 기회가 된다.
- 과거 자신과의 화해와 용서의 기회가 된다.
- 자신의 경험, 지식, 교훈, 가치 등을 자녀들에게 승계하는 자료로 활용할 수 있다.

(1) 자신의 정체성 확인 기회

정체성(identity)을 확인한다는 것은 "나는 도대체 누구인가?" 라는 철학적 물음에 대한 답을 찾는 과정이다. 거기에서부터 우리는 "왜 살아야 하는가?, 어떻게 살아야 하는가?, 그리고 어떻게 죽을 것인가?" 에 대한 추가적인 질문으로 발전해 갈 수 있다.

많은 사람들은 자신의 정체성을 찾는 과정을 생략한 채 살아간다. 안타까운 일이다. 지금도 생생하게 기억하는 장면이 하나있다. 1995년 필자는 퇴직을 앞두고 4박 5일 동안 용타 스님이라는 분이 주재하는 동사섭(同事攝)[6] 교육을 받은 적이 있다. 괜찮은 훈련과정이었던 것으로 기억하고 있다. 아마 지금도 계속 진행되고 있을 것이다. 내가 크리스천임을 아는 혹자는 "크리스천이 왜 스님에게 교육을 받느냐" 라는 의문을 제기하기도 했지만 그런 배타적이며 편협한 생각에서 벗어나야 새로운 시각이 열린다. 그렇다고 내가 범신론을 추구하는 사람이라는 뜻은 결코 아니다.

회고해 보면, 동사섭 과정이 바로 자기 정체성을 회복하는 훈련 프로그램이 아니었을까 하는 생각이 든다. 과목 중 하나가 2인 1조가 되어 진행하는 훈련과정이었다. 한 쪽이 상대방에게 "당신은 누구입니까?" 라는 물음을 반복해서 던지도록 한다. 그 질문을 받은 나는 정말 난감하고, 당황스러웠다. 그리고 황당하기까지 했다. 한참을 생각한 끝에,

"예, 저는 김호영입니다." 라고 대답한다.

계속해서 이어지는 질문, 질문, 그리고 질문. 상대방의 질문은 점점 질타에 가깝게 이어진다.

"김호영이란 사람은 도대체 누구입니까? 그게 당신입니까?"

"어~ㅁ, …, 으~ㅁ…"

결국 고개를 꺾고, 눈물을 흘리고 만다.

---

6) 스스로 실천을 통해 선업을 쌓는 보살의 수행으로 권장하는 불교의 사섭법(四攝法) 가운데 하나로, 고통받는 중생과 희노애락을 함께하는 것을 뜻한다.

"그러게, 내가 도대체 누구지?"
답은 스스로 찾아야 한다. 훈련과정이 끝난 이후에도 그 질문은 계속된다. 그런데 이번의 질문의 방향은 내가 나에게로 향한다.
"김호영, 너는 도대체 누구냐?"

성경의 복음서에는 예수님이 제자들에게 자신의 정체성을 묻는 대목이 기록되어 있다.
예수께서 빌립보 가이사랴 지방에 이르러 제자들에게 물어 이르시되 "사람들이 인자를 누구라 하느냐?"
이르되 더러는 세례 요한, 더러는 엘리야, 어떤 이는 예레미야나 선지자 중의 하나라 하나이다.

> "이르시되 너희는 나를 누구라 하느냐 시몬 베드로가 대답하여 이르되 주는 그리스도시요 살아 계신 하나님의 아들이시니이다 예수께서 대답하여 이르시되 바요나 시몬아 네가 복이 있도다"

아쉽게도 대부분의 제자들은 예수님의 정체성을 누군가로부터 들은 바를 토대로 전달하는 데 그치고 있다. 그래서 예수께서 재차, (다른 사람들은 그렇다 치고)

> "너희는 나를 누구라 하느냐"

라고 묻는다. 여러 제자들 중 유일하게 베드로는 자신이 경험하고, 이해한 바를 중심으로 예수님에 대한 정체성을 명쾌하게 정의하고 있다. 역시 예수님의 일등급 제자에 어울리는 대답이다. 그 결과, 예수님으로부터 최고의 칭찬을 하사 받는다.

"바요나 시몬아 네가 복이 있도다."

"나는 도대체 누구인가?" 자신의 정체성에 대한 정의는 빠를수록 좋다. 이른 나이에 "내가 누구이고, 왜 살아야 하며, 어떻게 살아야 하는지" 에 대한 답에 접근할 수 있다는 것은 정말 가슴 벅찬 일이 아니겠는가?

자기역사를 기록하는 과정에서 거두게 되는 수확들 중 수확은 은 바로 "내가 누구인지" 에 대해 답을 얻게 된다는 것이다. 이보다 더 뿌듯한 일이 있을까 싶다. 이것 하나만 가지고도 자기 역사 쓰기의 가치는 넘치도록 충분하다.

(2) 과거 자신과의 화해와 용서의 기회

즐거운 순간, 행복한 찰나로만 가득한 인생이 과연 있을까? 아마 사람의 내면에는 아픈 과거, 아쉬운 추억, 누군가를 향한 원망의 감정, 서로 주고받은 상처로 인한 아픈 사연들로 가득 차 있지 않을까.

그 대상이 가깝게는 부모, 배우자와 자녀, 형제, 직장동료, 공동체의 누구, 이웃 등으로 확장시켜 보라. 버려야 하는데 버리지 못하는 쓰레기들로 가득 채워진 우리의 내면은 건드리면 터질 듯 아슬아슬하게 경계선을 넘나든다. 우리 마음은 늘 팽팽한 긴장과 회한으로 헐떡거리고 있다. 그래서 지금 이 순간 나오는 질문이 있다.

"왜 그때는 몰랐을까?" 또는 "왜 그때 그랬을까?"

자기역사를 쓰는 활동은 지금까지 겪어온 과정에서 발생한 크고 작은 사건과 사고 등을 현재의 관점에서 해석하고 기록하는 작업이다. 모든 사건과 사고의 전개에는 반드시 '언제, 누가, 어디서, 무엇을, 어떻게, 왜' 라는 조각들로 엮여져 있다. 그런데 모든 사건 사고의 처음과 나중은 항상 사람(누가)이다. 즉, 문제의 시작도 사람 때문이요, 끝도 사람 때문이다.
직장생활이 고달픈 것, 가정생활이 어려운 것, 공동체 활동에 갈등이 존재하는 것, 프로젝트가 원하는 성과를 내지 못하는 것 등의 가장 근본적인 원인은 사람이다.

"일이 어려운가, 사람이 어려운가?" 를 물어보라. 백이면 백사람 모두 사람이 어렵다고 대답한다. 사람과의 관계가 어려운 이유는 딱 한 가지, 쌍방향이라는 거다. 마주 쳐다보고 있지만 마음은 다른 곳을 향하고 있다는 것! 그런데 우리가 먼저 화해하고 용서해야 할 대상은 바로 '나' 라는 사실에 천착해야 한다. 필자의 경험에 비추어 말하자면, 자기 역사 쓰기는 비록 완벽하진 않지만 우리가 그 출발점에 설 수 있도록 안내자의 역할을 하는 것만은 분명하다. 주저하지 말고 시도해 보라.

(3) 자녀들에게 교훈, 경험, 가치 등의 승계 기회

"어리석은 부모들은 자녀들에게 재산을 남겨주고, 양식 있는 부모들은 자녀들에게 지식을 남기도, 지혜로운 부모들은 자녀들에게 신앙을 남겨준다."
찰스 디킨스의 장편소설 『위대한 유산』에 나오는 내용이다. 필자를 포함하여 오늘날의 부모들은 자녀와 대화하는 것에 어려움을 느끼고 있다.

시대의 변화 속도가 가파르다. 부모의 세대는 어제 펼쳐진 현상들이 오늘의 것들과 현격한 차이를 만들어내는 4차 산업혁명기의 조류를 좇아가지 못하여 헐떡거린다. 메타버스가 무엇이고, AI가 무엇이며, 포노사피엔스 같은 용어가 무엇인지 알 길이 없다. 경험이 다르고, 사용하는 어휘가 다른데 산업화의 전사들인 우리가 어떻게 자녀들과 가까워질 수 있겠는가.
어떤 계층과 가장 빨리 가까워지는 길은 그 계층에서 통용되는 언어를 사용하는 것이다.

3세대가 한 지붕 밑에 살았던 부모의 세대는 자연스럽게 집안의 전통과 문화, 가치나 교훈들이 그대로 후세에 전수되는 분위가 형성되었다. 특히, 함께 둘러앉은 식사시간은 최적의 교육장소였다. 그러나 산업화 이후 일터를 따라 거처를 옮겨야 하는 시대가 되면서 가족의 핵분열은 불가피한 현상으로 정착되었다. 설령 한 지붕 아래 있다 해도 가장들은 회사 일에 바쁘고, 자녀들은 공부에 몰두하느라 서로 바쁘다.

이제 부모와 자녀들이 한자리에 모이는 것은 기껏해야 한 달에 한두 번 정도나 될까. 그것도 길지가 않다. 그러다 보니 얼굴을 마주하는 게 어색한 상황이 된다. 언감생심(焉敢生心)[7] 부모가 자녀에게 교훈적인 말을 하는 것 자체가 성립되지 않는다. 어쩌다 경험과 교훈이 담긴 말을 조심스럽게 할라치면 시대착오적인 얘기로 비웃음을 당하기 십상이다. 그러니 침묵이 상책이다.

필자가 자기역사를 기록하게 된 동기 중 하나가 바로 이러한 장벽

---

7) '감히 그런 마음을 품을 수도 없음'을 뜻하는 말

을 극복하기 위함이었다. 아이들에게 말로써는 내가 살아온 길, 또는 뜻을 전하기 어렵지만 언젠가 그들이 집안을 정리하다가 이상한 제목의 책(자기역사쓰기 관련 기록물)을 발견하게 되면 호기심에서 펼쳐볼지도 모른다는 기대가 있었다. 실제로 자기역사 기록물(자서전)이나 회고록을 남기려는 까닭은 세상이 나중에 그리움과 아쉬움으로 기억하기를 바라기 때문이다.[8)]

우리는 아이들에게 그들의 부모가 태어나고, 자란 고향, 엄마 아빠가 어떻게 만나 결혼을 했고, 그들을 낳고 길렀는지에 관한 이야기를 자세하게 들려주었던 기억이 별로 없다. 사실, 변명 같지만 조근조근 얘기할 성품을 갖고 있지도 못한 탓이기도 했다. 글로 전달하는 것이 그래도 좀 낫겠다 싶다. 기록은 여전히 기억보다 믿을만하다는 말에 기대를 걸어본다.

---

8) 『안정효의 자서전을 씁시다』, 민음사, 2019

04

자기 역사 쓰기에 대한 오해와 편견

오해(誤解)는 무엇이 가진 뜻을 잘못 이해하거나 잘못 풀이하는 것이요, 편견(偏見)이라 함은 한쪽으로 치우친 생각이다. 그동안 자기 역사 쓰기 프로그램을 운영하면서 겪게 되는 오해와 편견에 대해 몇 가지로 정리해 본다.

"○○○씨 자기 역사 쓰기 교육 프로그램에 참여해 보시지요."

"그게 뭔데요?"

"자신의 지나온 삶에 대해 기록하는 작업인데요, 흔히 자서전이나 회고록 같은 것입니다."

"써보고는 싶은데, 내가 과연 쓸 수 있을까요?"

"제가 그 방법을 가르쳐 드립니다."

"그렇다면 한 번 생각해 볼게요."

이상의 대화내용은 지금까지 몇 차례 자기 역사 쓰기 지도사 교육과정을 운영하면서 경험했던 장면의 일부이다. 거의 대부분의 성인들은 자신이 살아온 삶의 발자국들을 기록하고, 한 번쯤은 정리하고 싶어 한다. 매우 고무적인 일이다. 그러면서도 이러저러한 이유를 들어 선듯 실행할 수 없는 마음의 부담을 가지고 있음을 엿볼 수 있다.

대부분 잘못 이해하고 있는 내용들이라, 오해를 풀어드리고자 한다.

(1) 자기 역사 쓰기는 훌륭한 사람들이 쓰는 것(?)

예전에는 그랬다.

자기 역사 쓰기는 대부분 유명 정치인, 기업가, 교육자, 종교인 등의 전유물이었다. 시대가 바뀌었다. 예전에는 유명한 정치인이나 성공한 기업가들의 홍보도구의 하나로써 자서전을 출간하는 경우가 많았다. 그러다 보니 자신을 지나치게 미화하거나, 치적을 과대 포장함으로써 독자들로부터 신뢰성을 의심받기도 했다. 마음먹고 몇 쪽을 읽는데도 대단한 인내가 필요하다.

자기 역사 쓰기의 첫째 조건은 진솔한 기록이다. 판매나 홍보 목적이 아닌 바에야 미화나 과장을 할 이유가 없다. 가깝게는 가족들, 형제, 친척들이 주요 독자들이다. 내 인생을 누구보다 더 잘 아는 이들에게 이제 와서 잘 보이기 위해 내용을 분칠하는 것은 결코 바람직한 일이 아니다.

수십 년 동안 일을 하다 은퇴한 시니어들에게 자기 역사 쓰기 만큼 더 의미있고, 가치있는 활동이 과연 있을까 싶다. 어느 정도 경제적 여유가 있어 더 이상 생존을 위해 일터에 나가지 않아도 된다. 더군다나 한국인의 평균 수명이 80세를 넘기고 있어, 여명이 아직도 길다. 글쓰기에 이보다 더 좋은 조건이 있을까 싶다.

이런 시대적 변화를 반영하여 오늘날 많은 지자체 문화센터, 혹은 동네의 교육센터에서 자기 역사 쓰기 교육이 붐을 이루고 있다. 우선은 글쓰기 기본 훈련과정을 거친 후, 반복·심화 학습을 하는 과정에서 서서히 익숙해짐을 느끼게 될 것이다. 이제 글쓰기는 글쟁이들의 전유물이 아니다.

(2) 글은 아무나 쓰나요

그렇다. 당연히 글은 아무나 쓰는 게 아니다. 세상에 배워서 안 될 게 있을까. 배우면 되는 게 글이다. 생각해 보라. 우리는 초등학교부터 대학까지 무려 16년을 배워, 그 힘으로 일자리를 얻고 밥벌이를 한다.

필자가 가끔 수강생들에게 던지는 말이 있다. 글쓰기는 날로 먹을 수 있는 영역이 아니다. 반드시 훈련을 통해 습득해야 할 영역이다. 그런데 우리는 그동안 학교생활과 사회생활을 통하여 어느 정도 글을 구성하는 기초적인 방법은 습득한 상태이다. 그 기반으로 우리는 매일 카톡에 글을 남기고 있다.

글쓰기의 줄기는 크게 두 갈래다. 하나는 문학적 글쓰기 갈래요, 다른 하나는 실용적 글쓰기 갈래다. 우리는 그동안 제안서, 보고서, 문서작성 등 실용적 글쓰기에 치중해 왔다. 필자의 견해로 말하자면, 자기 역사 쓰기는 문학적 글쓰기와 실용적 글쓰기의 중간 정도의 영역에 속하지 않을까 생각한다. 그래서 자기 역사 쓰기 결과물(자서전류의 저작물)을 문학의 장르에 포함시키고 있다. 다음 표는 문학적 글쓰기와 실용적 글쓰기를 비교한 것이다.

| 문학적 글쓰기와 실용적 글쓰기 차이 |

문학적 글쓰기	실용적 글쓰기
타고난 재능이 있어야 한다.	노력하면 된다.
소설, 시, 수필 등	논술, 보고서, 기획안, 칼럼, 프리젠테이션
상징이나 은유 등의 수사법 사용	상징, 은유, 수식이나 꾸밈없이 직접적 주장, 의견을 드러냄
묘사를 통한 인간의 감정이나 내면의 세계를 드러냄	자신의 주장을 관철할 근거와 논리를 바탕으로 자신의 주장(의견)을 드러냄
예술의 세계, 창작이 목적	먹고 살기 위해, 상대를 설득할 목적
매뉴얼이 없음	매뉴얼이 있음
문학적 글쓰기를 아무리 잘해도 실용적 글쓰기를 못할 수 있음	실용적 글쓰기를 아무리 잘해도 문학적 글쓰기를 못할 수 있음

자료원 : 탁석산, 탁석산의 글짓는 도서관, 김영사, 2005

문학적 글쓰기(소설, 시, 수필 등)는 근본적으로 선천적 재능이 필요한 분야다. 소설, 시, 수필을 쓰는 데에는 절대적으로 실용적 차원의 발상을 뛰어 넘는 상상력이 동원되어야 한다.

물론, 시나 소설 등 문학형식을 띤 자기역사 기록물도 있지만 대부분 평범한 사람들이 쓰고자 하는 수준은 그 정도가 아니다. 사실을 근거로 해서 써내려 가는 과정에서 약간의 문학적 표현을 추가하는 정도이다. 그 정도는 약간의 연습으로 가능하다. 그러니 글을 못쓴다고 지레 걱정하거나 겁먹을 일은 아니다.

주어, 동사, 목적어 등의 개념에 최소한의 표현기술을 배우면 된다. 서점에는 당신이 글을 쓰는 데 도움을 줄 수 있는 좋은 책들이 수도 없이 깔렸다. 글 쓰는 재주가 없음을 탓하기에 앞서 결심을 미루는 자신을 탓할 일이다.

(3) 부끄러운 과거가 많은데...

"세상에 부끄러운 과거가 없는 사람이 있으면 나와 보라 그러세요!"

자기 역사 쓰기를 시도해 보라고 권유를 받고 위와 같은 반응을 보이는 사람에게 필자가 해주는 말이다. 생각해 보라. 흠이 없는 인생이 어디 있겠는가? 허물이 많으니, 그대 곧 사람인 것이다! 물론 허물의 정도가 문제이긴 하겠으나, 따지고 보면 오십보백보다. 자기 역사 쓰기라고 하면 미주알고주알 모든 사건 사고를 모두 기록해야 하는 것으로 생각하지만 그렇지 않다. 다 기억할 수도 없거니와 기록의 결과가 또 다른 분란의 단초가 될 수 있는 내용은 당연히 제외해야 한다.

실제로, 자기 역사 쓰기 내용 중에 과거에 연애 경험이 있었는데 그것을 발견한 배우자가 감정이 상한 나머지 한동안 관계가 악화된 경우가 있다. 남녀 관계의 문제는 나이에 상관없이 민감한 사건인 것 같다는 생각이 든다.

그래서 자기 역사 쓰기를 착수하기 전에 고민해야 할 부분이 바로 "어떤 관점에서 과거의 삶을 기록할 것인가?" 라는 방향잡기(=콘셉트 설정) 과정이 필요하다. 무턱대고 연대기 순(편년체)으로 기록하다 보면 중학교 역사 교과서 같은 생각이 들어 실망하게 된다.

자기 역사 쓰기 형식은 정해진 규칙이 있는 게 아니니 쓰는 사람이 자의적으로 정하면 된다. 시(詩)의 형식으로, 때로는 산문, 수필, 소설, 사진 중심(포토 자기 역사 쓰기)으로 쓸 수도 있다. 무엇보다도 지레 겁먹지 말기다.

(4) 지난 일들을 어떻게 기억합니까?

맞는 말이다. 과거를 기억한다는 것은 결코 쉬운 일이 아니다. 현재와 멀어진 과거일수록 그렇다. 그러나 미리 염려할 일은 아니다. 과거의 정보를 모두 저장해 두는 두뇌란 세상에 없다. 모두 기억하고 있는 것 자체가 비정상이다. 사라진 정보공간이 있기에 새로운 정보가 입력되는 것이지, 끊임없이 입력만 해왔다면 어느 순간 우리 두뇌는 폭발했을 것이다.

글쓰기는 자료싸움이다. 자기 역사 쓰기는 내적 정보(internal information)와 외적 정보(external information)를 활용하는 글쓰기 작업이다. 내적 정보란 쓰는 이의 두뇌에 이미 저장되어 있는 정보다. 기억된 정보는 그 양에 한계가 있기도 하지만 정확성이 떨어지는 경우가 많다. 그래서 추가로 동원해야 하는 것이 외적 정보이다. 외적 정보는 다른 목적으로 기록된 문서, 간행물, 이미지(사진), 인터뷰 등을 통해 수집된 보다 객관화된 자원이다. 경우에 따라서는 주변 사람들의 기억을 빌려 쓸 수도 있다.

자기 역사 쓰기에 동원되는 자료 중 가장 유용한 자료는 사진자료이다. "사진이 곧 역사다." 라는 말이 진실인 것은, 사진 속에 많은 시대적 · 개인적 스토리가 들어 있기 때문이다. 그 밖에 제적등본, 생활기록부 등은 매우 중요한 자원들이다. 인위적인 연상을 촉진하는 도구인 마인드맵(mind map)[9] 등은 자연스럽게 기억을 환기시킬 수 있

9) 영국의 토니부잔(Tony Buzan)이 개발한 학습과 발상법으로써 생각을 지도로 표현하는 도구이다. 세 가지(방사구조, 이미지, 구조화)를 기본 토대로 하여 만들어가는 것이 특징이다.

으니 "과거에 대한 기억을 어떻게 떠올릴 것인가?" 라는 염려는 할 필요가 없다. 필자의 지도경험으로 미루어볼 때, 지금까지 기억의 문제로 자기 역사 쓰기에 어려움을 토로한 학습자는 한 사람도 없었다.

(5) 돈 많이 드는 작업 아닌가요?

앞의 4가지 오해와 편견 외에 "돈이 많이 든다." 혹은 "장편소설처럼 길게 써야한다." 는 등의 의문을 제기하는 분들이 있다. 비용의 문제는 자기 역사 쓰기의 목적과 분량, 그리고 제본 형태 등 여러 가지 요소가 복합적으로 작용한다.

자기역사를 쓰는 목적은 주로 판매용 또는 배포용 두 가지이며, 제본 형태는 단행본형 또는 논문형 등이 있을 것이다. 일반적으로 평범한 사람이 쓰는 자기 역사 쓰기는 가까운 사람들(배우자, 자녀, 손자, 형제, 친척 등)에게 자신의 살아온 역사를 알리기 위해서다. 그러므로 인쇄 부수가 많을 리 없다. 필자의 자기 역사 쓰기 결과물인 『김호영의 자기 역사 쓰기_미완의 시간여행』을 기준으로 한다면, '배포용 · 논문형(하드커버) · 290쪽 · 20부 · 컬러인쇄 · 자체 편집'으로 조합되어 제작되었다. 대학교 근처의 인쇄업체에 제작의뢰를 했는데, 소요비용은 총 80만원이 전부였다. 그것도 컬러 인쇄여서 그렇지, 흑백으로 했다면 비용은 30만원 미만으로도 충분했을 것이다. 자비 출판이면서, 시중 판매를 목적으로 출판의 전체 과정을 출판사에 맡기면 비용이 많이 늘어날 것이다. 요즘은 소량 출판도 해주는 추세이니, 생각보다 적은 비용으로 출판도 가능하다.

어쨌든 비용 문제는 쓰는 이의 선택사항이므로 여건에 맞게 조정하면 될 것이다. 염려할 사항은 아니다.

02

어떻게 쓸까?

; 글쓰기 기본 기술

01

문장의 구조를 이해하자

"단어는 내 것이 아니지만 문장은 내 것이다."

작가 이외수 씨가 그의 저서 『글쓰기의 공중부양』에서 언급한 내용이다. 공감 가는 바가 커서 매번 수강생들에게 전해주고 있다.
글을 쓰고자 하는 사람의 염원은 "어떻게 하면 좋은 문장을 만들까"이다.
글자가 모여 단어가 되고, 단어가 모이면 문장이 되며, 문장이 모여 문단을 이루는 것이 글이 형성되는 단계이다. 마지막으로 문단들이 모여 만들어지는 것이 곧 한 권의 책이다.

이미 알고 있는 내용일 수도 있겠으나, 정리하는 의미에서 글쓰기의 기본 중의 기본이라고 할 수 있는 문장의 구조에 대해 살펴보기로 하자.

문장을 이루는 기본적인 형식은 딱 세 가지 밖에 없다.

- 주어+술어

- 주어+목적어+술어
- 주어+보어+술어

어쩌면 이상의 세 가지를 잘 활용하는 것만으로도 좋은 문장을 만들 수 있다. 하나의 문장이 잘되었는지 여부를 판단하는 기준은, 읽고 나서 궁금한 점이 없으면 일단 합격이다. 이제부터 3가지 문장의 구조에 대해 하나씩 살펴보기로 하자.

(1) 주어+술어

'길동이가 마신다.'와 '길동이가 뛰어간다.'의 차이는 무엇일까? 두 문장 모두 주어와 술어로 구성되어 있다. 별 차이가 느껴지지 않는다면 문장의 조건에 대한 공부가 필요한 독자이다.

앞의 문장과 뒤의 문장의 차이는 바로 궁금한 점 여부에 있음을 간파해야 한다.

"길동이가 마신다고?"

"도대체 뭘 마시는데?" 라는 의문이 들지 않는가? 그가 무엇을 마시는지 궁금해 해야 올바른 판단이다. 즉, 문장의 완성도가 떨어진다는 뜻이다. 문장 어디엔가 단어를 하나 넣어야 할 것 같다. 반면에 "길동이가 뛰어간다." 는 별로 궁금한 것이 없다. 무엇 때문에 뛰어가는지는 잘 모르겠으나 문장으로써는 손색이 없어 보인다.

두 문장의 성격의 차이는 어디서 비롯되는 것일까? 바로 술어의 차이 때문이다. 즉, '마신다' 는 타동사이고 '뛰어간다' 는 자동사다.

(2) 주어+목적어+술어

타동사를 술어로 쓸 때는 반드시 목적어가 필요하다. 주어(길동이)와 술어(마신다) 사이에 마실 것들의 종류를 넣어보라.
길동이가 (물, 우유, 주스, 콜라)를 마신다. 이제 더 이상 궁금한 부분은 해소되었다. 더 멋진 문장이 되기 위해서는 추가 작업이 필요하긴 하지만, 그 부분은 나중에 설명하도록 한다.

그런데 술어에는 움직임을 나타내는 동사(마신다, 뛰어간다 등) 외에 상태나 속성(attribute)을 설명할 때 사용하는 단어들이 있다. '사랑스럽다, 덥다, 수다스럽다, 아름답다, 슬프다, 쪼잔하다, 징그럽다.' 등이다. 이런 단어들은 끝이 '~다' 로 끝나서 동사 같지만 동사가 아니다. 형용사다. 그리고 '~이다.', '있다' 와 같은 말들은 그 자체로 완성된 문장을 구성하는 단어들이다. 즉, 목적어가 굳이 없어도 제 역할을 하는 단어라는 뜻이다.

'그녀는 아름답다, 그는 용감했다, 길동이는 과장이다, 시간은 돈이다, 나무가 있다' 등의 문장에서 궁금한 부분이 있는가?

(3) 주어+보어+술어

그러나 자동사나 형용사 중에서도 저 혼자서는 제 역할을 못하는 말들이 있음을 알아야 한다.

'길동이(가) 되었다.', '길동이(가)는 아니다.'
궁금증이 남지 않은가? 길동이가 뭐가 되었고, 뭐가 아니란 것인지가 궁금하다.
그래서 '~이(가) 되다' 혹은 '~이(가) 아니다' 라는 말을 술어로 쓸 때는 이를 보충해 주는 말이 필요한데, 그 단어를 보어(補語)라고 한다. '길동이(가) 과장이 되었다, 길동이는 부자가 아니다.' 에서 과장과 부자가 곧 보어의 역할을 한다. 비로소 완성된(궁금증이 해소된) 문장으로 발전하였다.

그런데 앞에서 예문으로 든 문장들을 보면서 느낀 바가 없는가? 문장들이 모두 단순하다. 단순하다는 것은 문장 안에 들어있는 정보의 양이 많지 않다는 뜻이기도 하다. 예를 들어, '길동이가 우유를 마신다, 길동이가 과장이다, 길동이는 부자가 아니다' 등에서 찾을 수 있는 정보는 '우유, 과장, 부자' 가 전부이다.

악마는 디테일에 있다(The devil is in the details). 문제점이나 불가사의한 요소들은 사소한 것에서 비롯된다는 뜻으로 쓰이는 말이다. 글쓰기도 마찬가지라고 생각한다. 그냥 자동차가 아니라, 글을 구성할 때 관찰한 것들을 기초로 하는 이유가 바로 그것이다. 두루뭉술한 글이 감동과 매력을 주지 못하는 것은 바로 디테일이 약하기 때문이다. 문장을 디테일하게 만드는 작업을 가리켜 나는 '글을 화장한다' 라고 표현하고 싶다. 글을 화장함으로써 주어 목적어 보어 술어 등의 의미를 더욱 명확하고, 사실적으로 전달할 수 있다. 독자들로 하여금 상황을 보다 쉽고, 흥미롭게 연상할 수 있는 효과를 거둘 수 있도록 한다.

여인이 화장을 하면 더 예뻐 보이듯이 글도 같은 원리로 설명할 수 있다. '길동이가 우유를 마신다.' 를 화장해 보자.

'늦잠을 잔 길동이가 따뜻한 우유를 단숨에 마신다.'

글을 화장한 결과, 주어 목적어 서술어가 더욱 명확해졌음을 알 수 있다. 이 정도의 화장은 기초화장 정도다. 좀 진하게 화장을 해 보자. 전달하고자 하는 정보의 양에 따라 화장(꾸밈말)을 적절하게 조절하면 된다.

다른 하나의 예문을 독자들에게 제시하니까 한 번 각자 꾸밈말을 사용하여 문장을 만들어보면 좋겠다.

〈예문〉	나는 학교에 간다.

필자는 다음과 같은 문장으로 여러분에게 제시하지만 각자 나름으로 개성있는 문장으로 만들어보기 바란다.

'나는 매일 아침 8시에 영수와 함께 버스를 타고 학교에 간다.'

여러분들은 보다 디테일하게 주어 목적어 보어 술어를 꾸며보기 바란다. 자신이 만든 문장만이 오롯이 자신의 것이다. 자신의 관찰능력에 비례하여 글의 매력도가 커지는 법이다.

02

수사법, 글맛의 결정적 요소

한국민족문화 대백과사전은 수사법(修辭法)을 다음과 같이 정의하고 있다.

'어떠한 생각을 특별한 방식으로 전달하는 기술로써 표현이나 설득에 필요한 다양한 언어표현 기법'

다음 표는 자주 사용하는 수사법을 정리해 놓은 것으로써 자기 역사 쓰기를 하면서 적절하게 활용하면 좋겠다.

자기 역사 쓰기는 기본적으로 사실의 바탕 위에서 기록하는 작업이다. 그러나 자칫 편년체로 기록된 역사책처럼 전개되어서는 글의 매력이나 글을 쓰는 재미를 잃기 쉽다. 그래서 과거의 사건이나 인물, 혹은 상황을 묘사할 때 수사법을 적절하게 사용하는 것은 매우 중요한 일이다. 하나씩 살펴보기로 하자.

(1) 직유법(直喩法)

어떤 사물이나 개념의 유사성을 토대로, '처럼 · 같이 · 듯이 · 인 양'

등의 조사를 붙여서 표현하는 기법이다.

직유(直喩)는 두 가지 유사한 인상을 직접 대응시켜 비유한다.

❙ 수사법의 종류와 내용 ❙

<table>
<tr><th colspan="2">수사법</th><th>의미</th></tr>
<tr><td rowspan="4">비유법</td><td>직유법</td><td>표현하고자 하는 대상을 유사성이 있는 다른 대상에 빗대어 표현하는 수사법</td></tr>
<tr><td>은유법</td><td>표현하고자 하는 대상을 다른 대상에 비겨서 표현하는 수사법</td></tr>
<tr><td>활유법/의인법</td><td>활유법 : 무생물을 생물처럼 표현하는 기법, 의인법 : 사람이 아닌 것을 사람처럼
표현하는 기법</td></tr>
<tr><td>제유법/환유법</td><td>제유법 : 사물의 일부로 자체나 전체를 표현하면 제유법이고, 사물의 속성으로 자체나 전체를 대신하면 환유법</td></tr>
<tr><td rowspan="3">과장법</td><td>과장법</td><td>어떤 사물이나 상태를 실제보다 훨씬 덜하게(더하게) 표현하는 방법</td></tr>
<tr><td>반복법</td><td>같은 어구나 비슷한 어구를 되풀이하여 의미를 강조하는 표현기법</td></tr>
<tr><td>점층법</td><td>같거나 비슷한 어구를 겹치게 하여 점진적으로 문장을 강화시키고 읽는 이의 감흥 또한 점진적으로 고조시켜 절정으로 이끄는 표현 기법</td></tr>
<tr><td rowspan="3">변화법</td><td>설의법</td><td>질문의 형식을 가지지만, 대답을 전제로 하지 않는 질문</td></tr>
<tr><td>돈호법</td><td>현존하지 않는 인물이나 어떤 추상적 대상을 마치 현존하는 듯이 부르는 표현 기법</td></tr>
<tr><td>대구법</td><td>앞 문장과 뒷 문장이 서로 짝을 이루도록 구성하는 표현기법</td></tr>
<tr><td colspan="2">대조법</td><td>앞뒤에 상반되는 사물을 대비시켜 그 상태를 더욱 명백하게 하는 표현기법</td></tr>
</table>

그렇지만 너무 손쉽게 사용할 수 있다는 이유로 사용하다 보면 진부한 느낌을 줄 수 있으니, 좀 더 참신한 비유가 될 수 있도록 깊이 생각하여 활용하는 게 좋다. 몇 가지 예를 들어 보자.

- 아내는 한없이 잦아들던 물속에서 무언가를 되찾은 듯 어떤 것을 세밀하게 기억해내기도 했다. (신경숙, 엄마를 부탁해)
- 바람이 짐을 떠밀자 지게에 짓눌린 그는 쓰러질 듯이 비틀거리더니 목발을 짚고 다시 일어섰다. (김훈, 자전거 여행2)
- 잠에서 갓 깨어난 뒤였는지 그녀의 머리는 라면의 면발처럼 가닥의 끝과 처음을 분간할 수 없었다.
- 고등어는 마치 자기가 상어인 양 으스댔다. 그러나 금새 고래의 아가리 속으로 빨려 들어갔다.
- 나의 영혼은 강처럼 깊게 자라왔다. (랭스턴 휴즈)
- 암흑 속에서 흰 먼지 같은 눈발이 시야를 가렸다. (이국종, 골든아워2)

(2) 은유법(隱喩法)

은유법은 원래의 뜻은 숨기고 유추나 공통성의 암시에 따라 다른 사물이나 관점으로 대치하여 나타내는 방법이라고도 할 수 있다. 부연하자면, 은유(隱喩)는 경험, 생각, 감정, 행동 또는 대상 간의 유사성을 암시하는 상징적인 접근 방식이다. (Evans, 2010 ; Seitz, 1998)

상대방의 너그러운 감정을 표현하고자 할 때 그냥 "당신은 너그러운 사람입니다." 라는 표현도 나쁘진 않지만, "당신은 바다 그 자체입니다." 라는 표현이 훨씬 전달력이 강한 것은 내용 안에 감정이 응축되어 있기 때문이 아닐까.

하는 일마다 잘 안되어 생각이 복잡하다는 표현을 어떻게 할지 생각해 보자.

내 인생은 라면, 꼬일 대로 꼬였다.

은유에 대한 예를 더 찾고 싶어 필자의 서가(書架) 주변을 서성거리다 책들 틈 사이에 눈에 잡히는 시집이 눈에 잡혔다. 장석주 시인이 엮은 『마음을 흔드는 세계 명시 100선』을 꺼내어 뒤적거리는데, 책의 중반쯤에 단 두 줄짜리 시에 손길이 멈췄다. 막스 자콥의 〈지평선〉이다.

그녀의 하얀 팔이
내 지평선의 전부였다.

은유의 극치다. 내 방의 서가에 눕혀있는 스타트업 컨설턴트 김형민 씨가 쓴 『창업은 공학이다』는 은유를 이용하여 제목을 붙인 책이다. '창업'이라고 하는 복잡하고 힘든 '과제'를 '공학'이라고 하는 관점에서 바라보고 해석해 주고자 쓴 책이란다. 눈여겨 주위를 들여다보면 은유법을 사용한 글들을 제법 많이 볼 수 있음을 알게 된다. 그냥 지나치지 말고, 곱씹어 음미해 보자. 글쓰기에 집중하다 보면 평소에 무심하게 스쳐 지나간 것들이 새롭게 보이기 시작한다. 무시하지 말고 그 순간의 감정에 충실해 보기 바란다.

(3) 활유법(活喩法)과 의인법(擬人法)

활유법과 의인법은 같은 듯, 다른 수사법이다. 김훈의 『자전거 여행1』을 읽다가 다음의 문장을 건졌다.

자전거와 연어는 양양에서 만났는데, 그날 밤 여관에서, 산맥을 겨우 넘어온 자전거는 원양을 건너온 연어 떼 앞에서 수줍게

잠들었다. (자전거 여행1, P.45)

자전거가 연어를 만나고, …잠들었단다. 알다시피, 자전거는 무생물이다. 그런데 '누구를 만나고, 잠들었다.' 는 등 마치 살아있는 생물인 것처럼 묘사하고 있다. 이렇게 표현하는 수사법이 바로 활유법이다. 또 있다.

> 된장의 친화력은 크고도 깊다. 된장의 친화력은 이중적이다. 된장은 국 속의 다른 재료들과 잘 사귀고, 그 사귐의 결과로 인간의 안쪽으로 스민다. 이 친화의 기능은 비논리적이어서, 분석되지 않는다. 된장과 인간은 치정관계에 있다. 냉이된장국을 먹을 때, 된장 국물과 냉이 건더기와 인간은 삼각 치정관계이다. (자전거 여행1, P.28)

된장이 친화력이 있고, …잘 사귀고, …비논리적, …치정관계 등은 된장(무생물)이 품을 수 있는 성품이 아니다. 그런데 이런 표현은 아무나 쓸 수 있는 표현기술은 아닌 듯싶다. 아마도 김 훈만이 도달할 수 있는 작가의 경지로 보인다. 이래저래 나는 또 감탄의 크기만큼 좌절을 체험하고 있다.

위의 문장은 사람이 아닌, 된장이 사람 행세를 하는 것처럼 묘사하고 있다. 그런 의미에서, 굳이 구분하자면 의인법이라고 볼 수 있겠다. 이처럼 활유법과 의인법은 딱 부러지게 구분이 어려운 경우가 많다. 그러니 용어 정의에 지나치게 집착할 필요는 없을 것 같다. 자동차 운전자가 엔진의 작동원리를 이해하지는 못해도 안전운전을 하는 데 문제가 없는 이치와 같은 것이다.

(4) 제유법(提喩法)과 환유법(換喩法)

제유법과 환유법은 대유법의 범주에 속하는 수사법들이다. 제유법은 대상의 일부분을 통해 전체를 지칭하는 표현기법이다.

어떤 조직이든 가끔은 어려운 문제에 봉착하기 마련인데, 대부분의 사람들은 스스로 그 문제를 떠맡기를 꺼린다. 누군가 그 일을 맡긴 맡아야 한다. 침묵 끝에, 한 사람이 나선다. 그러면서 하는 말,

"그래 내가 총대를 멘다!"

다른 조직원들이 안도의 숨을 쉰다. 일반적으로 "총대를 멘다"라는 뜻은 아무도 나서서 맡기를 부담스러워 하거나, 꺼리는 일을 공동을 대표해서 헌신하거나, 앞장서 나가겠다"는 의미로 쓰인다. 여기에서 '총대' 란 굳은 일, 책임짐 등을 대표하는 표현으로 쓰인다. 아마도 총에서 차지하는 총대의 무게가 상당한데서 비롯된 말일 것으로 짐작한다.

"십자가를 진다." 라는 말에서 '십자가' 모든 고난의 상징인 것과 같은 맥락이다. 제유법의 대표적인 예라고 할 수 있겠다.

그렇다면 환유법은 어떤 상황에서 사용하는 수사법일까? 환유법은 사물의 속성과 밀접한 관련이 있는 다른 대상을 통해 본래의 대상을 나타내는 표현기법이다. 좀 더 알기 쉽게 말하자면, 표현하고자 하는 사물의 특징으로 전체를 나타내는 방법이라는 점에서 제유법과 약간의 차이가 있다. 우리나라를 '금수강산' 이라고 표현하거나, "사람은 빵만으로 살 수 없다." 에서 '빵' 이 식량을 상징하는 것으로 표현하는 예들이 환유법의 표현들이다.

(5) 과장(誇張法), 반복법(反復法)과 점층법(漸層法)

과장법과 반복법, 그리고 점층법은 모두 과장법 안에 포함되는 표현기법이다.

먼저, 과장법에 대해 살펴보자. 말 그대로 사물이나 사실을 실제보다 지나치게 크거나 작게 표현하여 문장의 효과를 높이는 수사법이다.

"간(肝)이 콩알만 했다."

사람의 간이 아무리 작다한들 어찌 콩알만큼 작겠는가. 그러나 갑자기 놀라거나 충격적인 일이 벌어지면 간이 쪼그라드는 느낌이 있는 것으로 생각해서 그런지는 몰라도 그런 표현을 쓴다. 이 외에도 간을 가지고 상황을 표현하는 예가 더러 있다. "간이 크다." 는 추진력과 결단력이 있다는 긍정적인 측면도 있지만, "간도 크네" 라는 표현은 터무니없이 큰일을 벌이고 있다고 약간은 비아냥이 섞인 의미로 쓰인다. 비슷한 말로, "간땡이가 부었다." 라는 말도 자주 쓰이는 말이다. 왜 간이 과장법에 많이 동원되는지는 잘 모르겠다.

반복법은 같거나 비슷한 단어, 구, 절, 문장 등을 되풀이하는 표현법이다. 여기에는 똑같은 말을 반복하여 쓰는 동어(同語) 반복, 뜻이 비슷한 말을 반복하여 쓰는 유어(類語) 반복 등이 있다. (한국민족문화 대백과사전)

생각해 보니 반복법은 유행가 가사나 시(詩)에서 유독 많이 발견된다. 가수 나훈아의 노랫말 중 "가지 마오 가지마오 나를 두고 가지를 마오" 혹은 "사랑해 사랑해요 당신만을 사랑해요" 등이 바로 반복법을 사용한 예이다.

반복법을 사용한 예를 좀 더 찾아 볼 양으로 『김수영, 시로 쓴 자서전(1921~1968)』(김응교 지음)[10]을 뒤졌다. 시인 김수영이 1960년 8월 4일 발표한 '가다오 나가다오' 라는 제목의 시에 눈길이 닿았다. 총 5연으로 구성된 시인데, "나가다오" 가 14번, 반복된다. 누구보고 하는 소린가 봤더니 미국과 소련을 향해서 부르짖는 절규였다. 1연의 앞부분만 인용해 보겠다.

이유는 없다-
나가다오 너희들 다 나가다오
너희들 미국인들과 소련인은 하루바삐 나가다오

반복법은 연설문에서도 많이 사용되는 수사법이다. 대표적으로 링컨의 게티즈버그 연설을 보자.

국민의, 국민에 의한, 국민을 위한 의한 정부는 지구상에서 사라지지 않을 것입니다.

점층법은 하나의 대상이나 현상에 대하여 한 단계 한 단계 높아지거나 낮아지는 말들을 거듭하는 수사법이다.

떴다 떴다 비행기 날아라 날아라 높이 높이 날아라 우리 비행기

우리가 초등학교 저학년 시절 줄기차게 불렀던 가사이다. 나이가 들면서 사람들이 가장 많이 찾는 단어가 바로 '건강' 이다. 그래서 그런지 모였다 하면 "첫째도 건강, 둘째도 건강, 셋째도 건강" 이라고 힘주어 말하는 모습을 본다. 그러고 보니 반복법은 참 많이 쓰는 수사법이라는 것을 새삼 깨닫게 된다.

---

10) 김응교, 김수영 시로 쓴 자서전 1921~1968, 2021

⑹ 설의법(設疑法), 돈호법(頓呼法)과 대구법(對句法)

"너희들이 부모의 심정을 어찌 알까", "직원들이 어찌 사장의 심정을 헤아릴 수 있겠습니까" 등의 표현은 너무나 당연한 것이기에 굳이 상대방이 대답을 전제로 하지 않는다는 특징이 있다.
이처럼 설의법은 쉽게 판단할 수 있는 사실을 의문의 형식으로 표현하여 상대편이 스스로 판단하게 하는 수사법이다.

돈호법은 사물이나 인간의 모양이나 태도 · 행동 등의 양태를 묘사하여 표현하는 수사법이다. 부연하자면, 사람이나 사물의 이름을 불러 주의를 불러일으키는 표현 기법이라고 할 수 있겠다.
"갈대 같은 내 마음이여, 흔들리는 나의 하루여!" 와 같은 말들이 돈호법의 표현이라 할 수 있겠다.

한국민족문화 대백과사전에 따르면, 대구법은 비슷하거나 동일한 문장 구조를 짝을 맞추어 표현의 효과를 나타내는 수사법이다. 가수 심수봉의 노래 중 '남자는 배 여자는 항구' 라는 제목의 노래가 있다. 굳이 해설하자면, 연인관계에 있는 남자와 여자의 관계를 배와 항구에 비유하고 있다. 배의 특성은 늘 항구를 떠날 준비를 하는 것에 반해 항구는 배가 돌아오기를 기다리는 위치에 있다. 따라서 노래에서는 남자는 떠나는 존재로, 여자는 기다리는 존재로 묘사하고 있음을 알 수 있다.

(7) 대조법(對照法)

서로 반대되는 내용을 맞세워 강조하거나 인상을 선명하게 하는 방법으로써 사물이나 인간의 모양이나 태도·행동 등의 양태를 묘사하여 표현하는 수사법이다.

중고등학교 때 게으르고 흐트러지려는 마음을 다잡기 위해 책상 앞에 부적처럼 붙여 놓고 있었던 문구들을 기억하는가?

인내는 쓰다. 그러나 그 열매는 달다.

또는

No Pain, No Gain!

실제로 얼마나 효과가 있었는지는 모르겠으나, 당시로써는 참 멋있는 말이라는 생각에 이런 문구들을 즐겨 사용했던 것 같다.

이런 유의 표현 중에 남녀 관계를 빗대어 오늘날 매우 흔하게 쓰는 말이 생각나 소개해 본다. 생각이나 행동에 대한 이중 잣대를 비판적으로 일컫는 말로 쓰이고 있다. 대충 짐작할 것이다.

내가 하면 로맨스요, 남이 하면 불륜이다.

축약해서, 내로남불!

지금까지 소개한 7가지 정도의 수사법만 제대로 알고 있어도 글쓰기 수준이 한 단계 향상되었음을 느낄 것이다.

03

좋은 문장 만들기 전략

앞에서 인용했던, "단어는 내 것이 아니지만 문장은 내 것이다."라는 말을 다시 소환해야겠다.

작가 이외수의 『글쓰기의 공중부양』을 읽다가 이삭처럼 주운 글이다. 마음에 새겨 지금도 가끔씩 꺼내어 나도 쓰고, 다른 이들에게 나눠주기도 한다. 계속 사용해도 닳거나 고갈됨이 없으니 얼마나 좋은가.

모든 쓰는 이들의 로망이기도 한, 좋은 글이란 어떤 글일까? 좋은 글을 쓴다는 게 쉬운 일은 아니지만 이것 역시 노력으로 어느 정도는 습득 가능한 기술적인(skillful) 분야라고 믿는다. 앞에서 우리는 글을 화장하는 방법, 즉 수사법을 배웠다. 이번에는 바른 문장을 쓰는 방법을 배울 차례인데, 이 부분은 나중에 교정 · 교열 · 윤문 등과도 관련이 있다. 몇 가지 원칙만 염두에 두고 있어도 글의 품새가 달라짐을 느낄 것이다.

(1) 문법에 맞는 문장을 쓸 것

글을 읽었는데 도무지 주어와 목적어, 그리고 서술어를 찾을 수 없는 문장을 가끔 만난다. 문장의 주술관계가 모호하면 개념이 모호해진다. 그 결과 무엇을 전달하려고 하는지 내용을 알 수 없는 글이 되기 십상이다. 다음 글은 어느 대학의 평생교육원에서 개설한 교육과정(서각) 강의계획서에서 '강의개요' 를 기술한 것이다.

> 문화예술의 창작으로 옛 선조들의 전통문화와 숨결을 느껴보며 우리의 전통을 뿌리삼아 현대적인 감각으로 다시 재창조 하는 과정으로 서각은 서,각.색의 종합예술의 결정체로 승화시키며 지역문화에 기여하고 건전한 여가활동으로 발전시키고자한다.

위 문장에서 주어는 무엇이고, 목적어는 어디에 있으며 서술어는 무엇인가. '서, 각, 색' 은 또 무슨 뜻인가? 전문가들이야 물론 아는 얘기이겠지만 나를 포함한 많은 이들에게는 그저 생소한 딴 나라 얘기일 뿐이다. 문제는 종종 이런 유의 글을 심심치 않게 만난다는 것이다.

(2) 간단명료하게 쓸 것

개념이 모호한 문장일수록 문장이 늘어진다. 한 문장에 주어, 목적어, 서술어가 여럿 있는 문장이 심심치 않게 눈에 띈다. 이런 유의 문장에 자주 등장하는 '~은 물론이거니와, ~하지 않을 수 없다, 그리고, 그래서, 그러므로,' 등과 같은 단어로 문장의 흐름을 이어 나가려는 모습이 역력하다.

좋은 문장은 군더더기가 없다. 한 문장에 하나의 정보나 메시지가 담겨있도록 해야 한다. 그러려면 단문 형식이 제격이다.

다음 문장을 평가해 보고, 다듬어 보라.

우리나라의 반도체와 자동차 산업은 우리 국민은 물론이거니와 전 세계를 깜짝 놀라게 할 만큼 대단한 성과라고 하지 않을 수 없을 것이다.

군더더기가 보인다. 문장이 길어지면 군살이 많이 붙게 되어 글이 무겁게 느껴진다. 이렇게 고치면 어떨까.

우리나라의 반도체와 자동차 산업은 우리 국민은 물론 전 세계를 깜짝 놀라게 한 성과다.

내가 김 훈 작가의 글을 좋아하는 이유 중 하나는 단문에 많은 것을 함축하고 있다는 것이다.

버려진 섬마다 꽃이 피었다.

그의 저서 『칼의 노래』의 첫 문장이다. 이 한 문장으로 작가가 전달하고 싶은 책의 내용 전체를 설명하고 있다. 왜군은 반도의 남쪽 바다로부터 쓰나미처럼 밀려들었고, 수많은 섬들을 도륙하고 부수었다. 목숨을 부지한 섬사람들은 하는 수 없이 집과 세간들을 버리고 피신해야 했다. 섬을 버리고 떠날 수밖에 없는, 이 처참한 아비규한의 비극을 또 어디에서 볼 수 있을 것인가. 그럼에도 불구하고 계절을 맞는 섬의 꽃들은 아랑곳없이 그들 본래의 모습대로 피고 지는 것이다.

비슷한 유형의 문장을 이국종 교수(아주대학교병원 중증외상센터)의 저서 『골든아워1』의 첫 문장에서 만났다.

봄이 싫었다.

그의 저서를 읽기 시작한지 얼마 안 되어 왜 그가 그런 문장을 썼는지 이해할 수 있었다. 봄이 되면서 추위로 굳었던 대지가 녹기 시작하면 전국 각지에서 토목이나 건축공사장들이 기지개를 펴기 시작한다. 사업장 수에 비례하여 자연히 현장 근로자들의 각종 사고에 노출되면서 생사를 넘나드는 부상환자 또한 늘어난다. 머리가 깨지고, 갈비뼈가 부서지고, 배가 터져 내장이 흘러내리는 등의 중증환자들이 병원시설에 넘치도록 들이닥친다. 제한된 인력, 장비, 시설 및 시스템으로는 감당하기 어려운 일들을 수없이 맞이할 수밖에 없었던 그로서는 그 상황들에 얼마나 좌절했을까. 생명이 경각에 달린 중증환자들을 이승에 다 붙들지 못하는 상황에서 오는 심적 갈등이 클 수밖에 없었을 것이다. 그래서 그는, 봄이 싫었던 것이다.

『골든아워(1, 2)』는 김 훈의 문체를 빼닮았다. 아니나 다를까 그는 자신의 책 서문에서 『칼의 노래』를 교과서 삼아 많은 것들을 통찰했다는 얘기를 썼다. 저자를 가리면 어느 쪽이 김훈의 것이고, 어느 쪽이 이국종 것인지 구분이 어려울 정도로 닮아있다.

단문은 장황한 설명을 억누른 결과로 얻게 되는 생산물이다. 글을 쓰는 사람이라면 반드시 배워야 할 고급 기법이라고 할 수 있다.

접속사를 사용하는 것 역시 절제해야 할 덕목이다. 접속사를 꼭 써야 문장의 연결성이 성립된다는 강박에서 벗어나야 한다.

어제 밤늦게 집에 들어왔다. 그래서 아침에 늦잠을 잤는데, 그 결과 출근 시간이 30분 늦었다. 그러나 과장님이 아무런 질책도 하지 않았다.

이렇게 바꿔보면 어떨까.

어제 밤늦게 집에 들어왔다. 아침에 늦잠을 자는 바람에 출근 시간이 30분 늦었으나, 과장님의 질책이 없었다.

의식적으로 단문을 쓰려고 노력하다 보면 어느 순간, 자신이 쓴 글이 날아갈 듯 가볍다는 느낌이 들 것이다.

(3) '나' 라는 표현을 최대한 자제할 것

자기 역사 쓰기의 특성상 '나' 가 주어일 경우가 많다. 그러다 보니 "나는" 의 표현이 유난히 눈에 띄는 경향이 있다. 읽는 이의 눈에 거슬리니 되도록 삼갈 일이다.

오늘이 내 삶의 마지막 순간이라면 나는 무엇을 할까? 어쩌다 죽음이 나를 만나자고 하면 어떻게 할까? 어떻게 죽을 것인가? 어떻게 살 것인가? 나는 누구인가? 나는 오늘도 정답이 없는 질문을 반복하면서 나의 삶의 역사를 톺아본다. 나는 이 세상을 떠나기 전에 사랑하는 가족들에게 사전 장례식을 통해 미리 유언을 남기고 싶다.

위의 글은 교육과정에 참여한 어느 학습자가 1주 정도 지나서 쓴 글이다. 짧은 문단인데, '나' 를 7번씩이나 반복적으로 쓰고 있다. '나는 · 내가 · 나의 · 나를 · 나에게' 등을 써야 뜻이 전달될 것이라는 생각은 지나친 염려다. 독자는 문장의 앞뒤 맥락 속에서 누구의 얘기를 하고 있는지를 안다. 다음과 같이 고쳐 쓰면 어떨까.

> 만약 오늘이 내 삶의 마지막 순간이라면 무엇을 할까? 지금 이 순간, 죽음이 덮친다면 어떻게 할까? 어떻게 죽을 것인가? 그리고 어떻게 살 것인가? 나는 도대체 누구인가? 오늘도 정답이 없는 질문을 반복하며 내 삶의 역사를 돌아본다. 세상을 떠나기 전에 사랑하는 가족들에게 사전 장례식을 통해 미리 유언을 남기고 싶다.

(4) 수식어 남발 금지

화장이 지나쳐 원래의 얼굴이 가려진 여성과 마주할 때의 느낌은 어떤가. 얼굴에 뭐가 그리 감출 게 많아서 저렇게 분칠을 많이 한 것일까 궁금해진다. 말을 번지르르하게 하는 사람도 같은 부류이다. 뭐가 그리 속일 게 많아서 마서여구를 많이 쓰는 것일까 의심이 간다. 화장이 지나치면 본래의 얼굴을 잃기 쉽고, 수식어가 지나치면 문장의 목적을 잃는다.

좋은 글은 쓸데없는 수식어가 많이 들어있지 않아도 전달하고자 하는 개념이 분명하게 명시된 글이다.

- 국민의, 국민에 의한, 국민을 위한 정부는 지상에서 사라지지 않을 것입니다. (에이브러햄 링컨)
- 여러분의 나라가 여러분을 위해 무엇을 해 줄 수 있는지 묻지 말고, 여러분이 나라를 위해 할 수 있는 일이 무엇인지 물어보십시오. (존 F. 케네디)

(5) 가능하면 짧게 쓸 것

'가능하면 짧게 쓴다.' 는 얘기는 앞에서 제시한 '간단명료하게 쓴다'와 비슷하지만, 특별히 여기서는 '문장을 길게 만들지 말라'는 데 초점을 둔 것으로 이해하면 되겠다. 다음 문장을 읽어 보자.

멀리서 보면 후리후리한 몸매와 동작 때문에 젊은이처럼 오해를 받기도 하지만 그는 이제 더 이상 젊지를 않아서, 가까이 보면 나이도 드러나고 경험도 드러났는데, 우뚝 튀어나온 광대뼈를 탄력있게 덮은 피부가 황록빛 바탕색을 이루었으며 지중해의 비밀을 숨긴 아침을 연상시키는 숱이 많은 눈썹의 시커먼 선과 묵직한 눈꺼풀이 뒤덮어 거의 반사를 하지 않을 정도로 짙은 검은 빛깔의 눈에서 특히 나이가 두드러지게 나타났다.

위의 문장은 『어느 여름날의 목소리(1984)』(안정효 역)에서 빌려온 문장이다. 한 마디로 너무 길어, 읽기에 숨차다. 문장이 너무 길면 독자들은 글쓴이가 전달하고자 하는 핵심을 놓치기 일쑤다. 경우에 따라서는 읽기를 포기하는 일이 생기기도 한다. 아마 원저자(어윈 쇼우)는 '그' 라는 인물에 대해 이러저러한 이유를 들면서 이제 결코 젊지 않다는 것을 강조하고자 했던 모양이다. 이렇게 바꾸면 어떨까 싶다.

그는 이제 더 이상 젊지 않다. 멀리서 보면 후리후리한 몸매와 동작 때문에 젊은이처럼 오해를 받기도 한다. 그러나 가까이 보면 나이도 드러나고 경험도 드러났다. 우뚝 튀어나온 광대뼈를 탄력있게 덮은 피부는 황록빛 바탕색을 이루었다. 숱이 많은 눈썹의 시커먼 선과 묵직한 눈꺼풀은 지중해의 비밀을 숨긴 아침을

> 연상시킨다. 특히, 거의 반사를 하지 않을 정도로 짙은 검은 빛깔의 눈에서 나이가 두드러지게 나타났다.

독자들 나름대로 더 좋은 문장으로 바꿔보면 좋겠다. 원래의 문장과 필자가 바꿔 쓴 문장을 비교해 보라. 혹시 왜곡되거나 잘못 전달된 부분이 있는가를 확인해보기 바란다.

(6) 단어 또는 의미의 중복을 피할 것

글을 쓰다 보면 의도치 않게 한 문장에서 같은 뜻의 단어나 의미를 두 번 이상 사용하게 되는 경우를 본다. 되도록 삼갈 일이다. 그럼에도 불구하고 어쩔 수 없이 두 번 이상 써야 한다면 단어를 바꿔서 사용할 것을 권장한다.

> 우리 마을은 우리나라의 여러 마을들 중에서 역사적으로 중요한 사건들이 가장 많은 마을이며, 연구할 가치가 많은 사건들이 일어났던 마을이라고 할 수 있다.

두 줄 반짜리 문장에서 '마을' 이란 단어를 4번, '많은' 을 2번, '사건' 을 2번씩이나 반복적으로 사용하고 있다. 독자라면 어떻게 바꾸고 싶은가? 필자는 이렇게 바꾸고 싶다.

> 우리 마을은 역사적으로 중요한 사건들이 가장 많은 곳으로써 연구할 가치가 있는 지역이다.

굳이 '우리나라' 라고 표기하지 않아도 독자들은 미루어 짐작할 것이며, '마을' 에 대해서는 '곳' 또는 '지역' 으로 표기함으로써 중복을 피하는 방법을 택하였다.

의미를 중복하여 쓴 문장도 심심치 않게 발견된다. 혹시 독자들은 다음과 같은 문장을 별 거리낌 없이 쓰고 있지 않은지 생각해 볼 일이다.

> 그의 예상치 못한 갑작스런 출현은 5년 전에 말없이 우리 곁을 떠났던 사건 만큼이나 우리에게는 놀라운 사건이었다.

별 문제가 없어 보이지만 의미가 중복된 부분이 한군데 보인다. '예상치 못한' 과 '갑작스런' 은 중복표현이다. 둘 중에 하나만 써도 의미전달은 충분하다.

> 그의 갑작스런 출현은 5년 전에 말없이 우리 곁을 떠났던 사건 만큼이나 우리에게는 놀라운 일이었다.

(7) 호응에 주의할 것

문장에서 호응의 문제는 잘 드러나지 않지만 세심하게 들여다보고 고쳐야 할 영역이다. 얼핏 보면 별 이상이 없는 것 같지만 찬찬히 뜯어보면 그릇된 곳을 찾을 수 있다.

첫 번째는 주어와 서술어의 호응이다.

글을 쓰다 보면 주어와 서술어가 멀리 떨어지는 상황이 생긴다. 문장이 길어지면서 발생한다. 마치 시야에서 멀리 떨어진 물체가 희미해져서 구분이 어려운 것과 유사한 현상이라고 할 수 있겠다. 때로는 주어가 생략된 문장에서 발견되기도 한다.

계절이 바뀌는 것도 모른 채 그는 자신의 일에 몰입하고 또 몰입함으로써 과거에 무의미하게 날려버린 시간을 바꿀 것이다.

이 문장에서 주어는 '계절이'와 '그는' 두 개다. 그런데 '그는'과 '바꿀 것이다.'가 호응하지 못하고 있다. 이렇게 바꿔주면 어떨까.

계절이 바뀌는 것도 모른 채 그는 자신의 일에 몰입하고 또 몰입함으로써 과거 무의미하게 날려버린 시간을 만회하려고 한다.

한 가지 예를 더 들어 보자.

내가 바라는 세상은 정직이 모든 이의 마음속에 자리 잡고, 정의가 강물같이 흐르며, 공정이 상식이 되는 세상을 꿈꾸는 것이다.

'세상은'과 '꿈꾸는 것이다.'가 호응이 안 되고 있다. 다음과 같이 바꿔보자.

내가 바라는 것은 정직이 모든 이의 마음속에 자리 잡고, 정의가 강물같이 흐르며, 공정이 상식이 되는 그런 세상이다.

또는

나의 꿈은 정직이 모든 이의 마음속에 자리 잡고, 정의가 강물같이 흐르며, 공정이 상식이 되는 세상을 만드는 것이다.

두 번째는 목적어와 서술어의 호응이다.

목적어와 서술어가 호응하지 못하여 어색한 문장이 되거나, 문장 자체가 이해하기 어려운 경우도 생긴다.

공사를 착공하다. 축구를 차다. 시험을 응시하다.

이런 유의 문장을 본 적이 있을 것이다. 대화할 때는 대수롭지 않게 쓰는 말들이지만 모두 목적어와 서술어가 호응이 안 되는 문장이다.

그냥 '착공하다', '공을 차다', 그리고 '응시(應試)하다' 가 맞는 표현이다.

아래의 문장은 자기 역사 쓰기 교육과정 참여자가 쓴 글이다. 목적어와 서술어가 호응이 안 되고 있음은 물론, 문장 전체를 재정비해야 할 만큼 여러 부분에서 호응이 안되는 글이다.

중학교 졸업 후, 17세 때 서울 마포구 소재 삼촌 집으로 상경하여 약 1년간 일일 공부 가정방문 학습지를 배달하면서 생애 최초 서울 나들이를 맛보았다.

먼저 '삼촌 집으로' 와 '상경하여' 와 호응이 안 되고 있으며, '서울 나들이를' 과 '맛보았다' 가 또한 그렇다. 그리고 '서울' 과 '상경' 이 의미 중복이다. 독자들이 먼저 바꿔보고, 필자가 고쳐 쓴 문장과 비교해 보기 바란다.

중학교 졸업 후인 17살 때 나는 서울 마포구에 있는 삼촌 집으로 왔고, 거기에서 1년 동안 일일 공부 학습지를 배달하면서 지냈다. 태어나서 처음으로 서울 생활의 쓴맛을 체험하였다.

세 번째는 논리의 호응이다.

말도 앞뒤가 맞지 않으면 무슨 뜻인지 분별하기 어렵듯이, 문장

역시 논리적으로 전개하지 않으면 그 뜻이 온전하게 전달되지 않는다. 인과관계가 뒤틀려 있거나 비약이 심한 문장에서 많이 볼 수 있는 현상이다.

> 세계 경제에 한파가 닥치고, 냉랭했던 우리 가족들의 마음은 훈훈해지기 시작했다.

~고, 또는 ~며 등의 연결어는 앞뒤의 내용이 대등한 관계일 때 사용해야 맞다. 따라서 위의 문장은 다음과 같이 수정해야 한다.

> 세계 경제에 한파가 닥치면서 우리 가족의 마음 또한 싸늘하게 바뀌기 시작했다.

세계 경제가 시원치 않은데, 유독 우리 가족들 마음이 훈훈해지는 일이 무엇인지 모르겠으나 일반적이지는 않다. 세계 경제가 나빠지면 대체로 국내 경제에도 영향을 미치게 마련이다. 결과적으로 글 쓰는 이의 부친의 사업에, 혹은 직장에 좋지 않은 영향을 미칠 것이다. 덩달아 가족들의 마음이 얼어붙고, 분위기가 냉랭해지는 게 맞는 이치가 아닐까. 아래의 문장은 어떤가?

> 내가 여행을 갈 때마다 반드시 비가 왔기 때문에 이번 여행은 가지 않겠다.

하늘이 나와 무슨 원수가 졌길래 내가 여행 가방을 꾸릴 때마다 비를 쏟겠는가. 나의 여행과 일기(日氣)는 결단코 인과관계가 없다. 단지 우연의 일치일 뿐이다. 논리의 비약이 심한 표현이라고 볼 수밖에 없다. 따라서 위의 문장은 다음과 같이 고쳐 쓰는 게 맞다.

내가 여행을 갈 때마다 비가 왔기 때문에 이번 여행은 가고 싶은 생각이 없다.

네 번째는 단어끼리의 호응이다.

평소에 마음에 맞는 사람을 만나면 서로가 반갑고, 터놓고 얘기하고 싶어지듯 단어끼리도 그런 경우가 있다. 소위 궁합에 맞는 단어들이 있다. 반대로 말하면 서로 만나면 어색해지는 단어들이 있다는 뜻이다.

'경쟁력을 높이다' 와 '경쟁력을 증가시키다' 중에 어느 쪽이 더 궁합이 맞는 것 같은가. 경쟁력은 키우거나 높이는 것이지 증가시키는 것이 아니다. 그리고 앙금이란, 이미 가라앉은 상태를 뜻하는데 '앙금이 가라앉지 않았다' 라는 표현을 심심찮게 보게 된다. 이 또한 단어들의 잘못된 만남이라 할 수 있다.

옛날의 앙금이 가라앉기도 전에 그와 나는 또 같은 팀에서 그는 팀장으로, 나는 팀원으로 일하게 되었다.

어떻게 바꿔야 하나. 독자들이 먼저 시도해 보고 아래 문장과 비교해 보았으면 좋겠다.

옛날에 쌓였던 앙금이 사라지기도 전에 그와 나는 다시 같은 팀에서 그는 팀장으로, 나는 팀원으로 일하게 되었다.

그리고 우리가 평소에 치명적으로 잘못 사용하고 있는 단어가 하나 있다. '너무' 라는 단어이다. '너무 아름답다', '너무 좋다', '너무 반갑다' 를 거리낌 없이 쓰는데, 이 또한 잘못된 표현임을 명심하자.

왜 그런가 하면, '너무' 는 부정적인 단어와 어울려야 맞는 말이다. '너무 아프다', '너무 기분이 상했다', '너무 지저분하다' 등과 어울려야 맞는 부사어이다. 그렇다면 긍정의 말과 어울리는 부사어는 무엇일까. '정말', '진짜', '엄청' 등의 단어가 그런 유(類)의 것들이다.

따라서 '어제 저녁 세종로에서 30년 만에 초등학교 동창들을 만나니 너무 반갑고, 즐거웠다.' 는 '어제 저녁 세종로에서 30년 만에 초등학교 동창들을 만나니 정말 반갑고, 즐거웠다.' 로 바꿔야 옳다.

(8) 가능하면 능동형으로 표현할 것

가장 흔하게 쓰는 수동형의 전형은 아무래도 '요구된다' 가 아닐까 싶다. 더 심한 표현은 '요구되어 진다' 이다. '요구한다' 면 될 것이지, '~된다, ~되어진다' 는 무슨 표현이란 말인가. 그 외에도 '쓰여진다', '얘기되어 진다', '초래되다' '유래되다', '발견되어 진다' 등의 수동적 표현을 많이 볼 수 있는 것들이다.

> 그런데 더 결정적인 사건은 중학교 졸업도 하기 전 아버지께서 경기도 고양시 덕양구 화전에 있는 수색대대로 전출되셨다.

위의 예시문을 능동형 문장으로 바꿔보라. 그리고 아래 문장과 비교해 보기 바란다.

> 그런데 더욱 결정적인 사건은 아버지께서 내가 중학교 졸업하하기도 전에 경기도 고양시 덕양구 화전에 있는 수색대대로 가셔야 했다는 것이다.

특히, 위에서 언급한 피동형의 표현 중에 '되어진다', '보여진다', '모여지다' 등은 이중피동형으로써 사용에 극히 주의해야 할 것이다.

모여진 성금은 대한적십자사를 통하여 영양실조로 고통받고 있는 북한 어린이들에게 전달하게 될 것이다.

위의 문장에서 '모여진 성금' 을 '모은 성금' 으로 바꿔 표현하면 훨씬 자연스럽겠고, 굳이 한 가지 덧붙인다면 '고통받고 있는' 을 '고통 중에 있는' 으로 바꿔주면 어떨까 싶다.

지금까지 설명한 내용들 외에도 좋은 문장을 만드는 데 참고해야 할 사항이 여럿 있지만, 그 부분에 관해서는 독자들께서 추가적인 학습을 통하여 보충하기 바란다.

03

자기 역사 쓰기에 한 발 다가가기

; 글쓰기는 자료 싸움

01

자기 역사 쓰기 기획

필자의 의견으로, 어떤 일을 착수하기 전 기획이 없다는 것(no planning)은 실패를 기획하겠다는 뜻의 다른 표현이다.

혹독한가? 나중에 더 혹독한 대가를 치르고 싶지 않다면 반드시 기획과정을 거치라고 강권한다.

계획(plan)이 일정, 예산, 투입인력 등을 미리 세우는 실행 중심의 작업이라면, 기획은 방향을 정하는 개념이다. 계획이 구체적인 영역이라면 기획은 다소 추상적이며, 보다 전략적인 영역이다. 그래서 계획보다 중요성이 떨어진다고 생각하기 쉽다. 이 또한 오해요, 편견이다! 허접한 기획의 결과는 너절한 계획으로 귀결된다.

기획이 취약한 계획이야말로 호랑이를 그리려다 고양이를 그리게 되거나, 부산을 가려다 목포에 도착하는 것과 같은 우(遇)를 범하는 결과를 초래할 만큼 위험하다. 마치 설계도가 없이 건물을 짓는 행위와 같다. 자기역사를 쓰는 과정도 똑 같다. 기획이 생략된 글쓰기는 방향이 없이 표류하는 돛단배 신세가 되기 십상이다.

모든 프로젝트가 그러듯이 자기역사를 쓰고자 하는 사람이라면 다음의 세 가지 질문을 앞에 두고 잠시 고민하는 시간을 가진 후 착수하는 것이 좋지 않을까 싶다.

첫째, 왜 자기역사를 쓰고자 하는가? (핵심 방향)
둘째, 누구를 위한 자기 역사 쓰기인가? (주요 독자)
셋째, 어떤 형식으로 구성할 것인가? (전개 방식)

(1) 왜 자기역사를 쓰고자 하는가?

앞에서 자기 역사 쓰기에 대한 의미나 가치에 대해 확인하는 과정을 거쳤다. 이제부터는 의미나 가치를 구체화하는 문제에 대해 정리해 볼까 한다. 가장 먼저 생각해 봐야 하는 부분이 바로 "무엇을 핵심 개념으로 할까, 어떤 방향으로 자기역사를 쓸까?" 를 결정해야 한다. 이른 바, 'why' 를 생각해 보는 것이다. 이 부문이 정리되지 않은 자기 역사 쓰기 기록물은 매우 난잡하게 흐를 개연성이 크다. 개인의 치적 중심으로 기록된 소위 '홍보용'으로 전락하기 쉽다. "왜 자기역사를 쓰고자 하는가?" 에 대해 정리된 모범 사례를 하나 들어보겠다.

최근에 필자는 중증외상 분야 전문의이자 치료의 권위자 이국종 교수(아주대학교병원 외상외과 과장)가 쓴 『골든아워(1, 2)』를 읽었다. 이 책은 이국종 교수의 자전적 메시지가 담긴 글이다. 서문에는 왜 자신이 이 책을 쓰게 되었는지(개념)에 대해 분명하게 정의하고 있다. 그 일부를 여기에 소개해 본다.

그럼에도 우리 팀이 만든 의무기록은 남는다. 우리가 더 이상 이 일을 해나가지 못해도, 최근 3년 동안 시행했던 중증외상 환자들에 대한 선진국 수준의 치료는 의무기록으로 화석같이 명징하게 남을 것이다. 이 기록은 열악한 한국 의료계 현실에 굴하지 않고 순전히 우리 팀원들과 현장의 소방대원들의 피와 땀을 짜내 만들어온 것이다.

2002년 내가 처음 외상외과에 교직발령을 받았을 때, 나 또한 한국계 미국인 외상외과 의사가 한국의 한 대형 병원에서 근무하며 남긴 기록을 통해 '외상외과' 라는 분야를 파고들었다. 지금으로부터 많은 세월이 지난 뒤, 또 다른 정신 나간 의사가 이 분야의 중요성을 인식하고 이 시스템을 다시 만들어보고자 마음먹는다면, 우리의 기록은 분명 큰 도움이 될 것이다. 이 책은 그 기록의 일환이다.

소개한 서문의 일부를 통해 우리는 그가 독자들에게 무엇을 전하고자 하는지에 대해 충분히 이해 할 수 있다.

자기역사를 쓴다고 해서 자신이 살아온 과거를 반드시 일대기 형식으로 써야 하는 것은 아니다. 특별한 하나의 사건을 심층적으로 분석하여 기록하는 것도 매우 훌륭한 접근방식이다.

또 하나의 예를 들어 보겠다. 아래에 소개한 내용은 필자의 자기역사 쓰기인『미완의 시간여행』의 서문의 일부이다.

삶이란, 소풍 같은 것이겠구나. 더구나 우리 크리스천에게는 더욱 그렇다는 생각이 들었다. 잠시 왔다가 또 다시 본향으로 돌아가는 미완(未完)의 시간여행 같은 것 말이다.

(중략)

나의 삶의 경험과 지혜가 딸들에게 말로 전달될 때 나는 무척 조심스럽다. 때로는 외롭기까지 하다. 나는 오래 전부터 꼰대가 되었나 보다. 나의 아이들이 부모의 삶의 역사를 모르고 살아가기를 원치 않는다. 하류의 물길이 상류의 물줄기로 연결되는 그들과 우리의 역사 또한 하나의 혈맥(血脈)을 타고 흐르고 있음을 그들은 알아야 한다. 기록은 말의 한계를 보완하는 수단으로 적절하기에 이 메시지가 우리 자녀의 자녀들에게까지 전달될 수 있기를 기대해 본다.

필자는 자신의 삶의 여정을, 언젠가는 본래의 고향인 그곳으로 가는데 '잠시 잠깐의 소풍' 이라는 것과 그 과정을 크리스천의 관점에서 정리하여 자녀들에게 전해주고 싶다는 데 천착하고 있다.

핵심 방향(core concept)은 글의 전체적인 흐름과 내용 구성에 결정적인 영향을 미친다. 이국종 교수는 주로 중증외상 의사로서 본인이 경험한 사건·사고에 얽힌 애환, 의견과 감정을 중심으로 전개하였다. 반면에 필자가 쓴 자기 역사 쓰기, 『미완의 시간여행』은 크리스천이 되어가는 과정과 배경, 그리고 삶 속에서 받은 은혜 등을 중심으로 기록하였다. 그리고 앞으로 남은 생애를 어떤 자세로 살아갈 것이라는 새로운 비전과 계획 등을 담고 있는 것이 특징이다.

(2) 누구를 위한 자기 역사 쓰기인가?

이 부분은 자기 역사 쓰기의 결과물에 대한 독자가 누구인가를 결정하는 대목이다. 대부분의 사람들은 평범한 삶의 여정을 걸어왔다. 뭐 특별히 내세울 것도, 두드러진 발자취를 남긴 것이 없다고 생각한다. 그래서 자신의 삶의 기록을 널리 공개하기를 원치 않는다. 이럴 경우 독자는 매우 제한적이다. 가족(자녀, 손자 등), 형제나 친척 등으로 범위를 한정한다.

필자 역시 그런 생각으로 자기 역사 쓰기를 20부 한정판으로 제작했다. 그리고 편집 작업도 출판사에 맡기지 않고 스스로 했다. 아래한글 다루는 기술이 좀 어설프기는 했지만, 주위에 물어보기도 하고, 유튜브 채널을 이용하면서 배운다는 심정으로 진행했다. 그리고 제본은 학위논문 형태가 좋을 것 같아 대학교 주변 인쇄업체에 의뢰했다. 칼라인쇄[11]라 비용이 좀 많이 들기는 했다. 80만원! 그러나 결과는 예상보다 만족스러웠다. 물론 시중판매를 위한 것이 아니니, ISBM(국제표준 도서번호)을 부여할 필요도 없다.

필자의 자기 역사 쓰기 결과물
『미완(未完)의 시간여행(1954~2021)』
· 전체 지면 289쪽
· 본문 종이 색깔 미색모조
· 칼라인쇄
· 하드커버
· 제작부수 20부
· 소요비용 80만원
(흑백 인쇄는 칼라의 25% 수준이다.)

---

11) 칼라인쇄는 흑백 인쇄 보다 페이지 당 가격이 5배 정도 비싸다. 따라서 필자의 자기 역사 쓰기를 흑백으로 제작했다면 20만원 미만으로 충분했을 것이다.

자신이 쓴 글이 대중성이 있다고 판단되면 시중 판매용으로 출간을 고려해 볼 수도 있다. 이럴 경우 출판의 방향은 전혀 다르게 전개된다. 먼저, 비용부담 문제를 결정해야 한다. 자비(自費) 출판 방식으로 할 것인지, 출판사 부담 형식으로 할 것인지를 결정해야 하는데 세부적인 내용은 해당 출판사와 협의하여 결정하면 될 것이다.

만약에 이 문제에 대해 필자에게 의견을 묻는다면, 우선은 비매품(非賣品) 형식으로 출판해보고, 주변의 의견을 들어본 다음 결정해도 늦지 않다고 말하고 싶다. 조급한 마음에 서둘러 대중 판매를 택할 경우, 멋있게 보일지는 몰라도 저자가 재고 부담을 안고 가는 일이 생길 수 있기 때문이다.

(3) 어떤 형식으로 구성할 것인가?

자기 역사 쓰기의 경우 '내용의 전개방식을 어떻게 설정할 것인가?' 도 중요한 결정사항이다.
자기 역사 쓰기 내용의 전개방식(스토리 전개 순서)은 크게 세 가지, 편년체(編年體)와 기전체(紀傳體), 그리고 혼합체(混合體)다.

편년체는 중·고등학교 때 한국사 교과서를 연상하면 된다. 자신이 겪은 일들을 시간(연월일) 순서에 따라 육하원칙(5W1H)을 중심으로 정리하는 것이다. 그런데 편년체에 대한 전개방식을 달가워하지 않는 이가 있다. 작가 안효정이다. 그의 저서 『안효정의 자서전을 씁시다』에서 편년체를 다음과 같이 기술하고 있다.

일반적으로 사람들이 써내는 자서전을 보면 처음부터 다짜고짜 쓰는 이의 과거를 요약하여 정리하는 이력서 형태로 서술을 시작한다. 하지만 어느 법학 전문 대학원 지원자가 자기소개서에 나열한 봉사 활동 목록처럼 5W1H의 사열식으로 시작하는 안이한 구성법은 찾아온 손님의 기대감을 문전에서부터 꺾어 버리기 십상이다.

그러면서 그는 연대기로부터 탈출할 것을 권유한다. 사실, 연대기 중심의 자기 역사 쓰기는 무미건조하다는 느낌을 받을 때가 많다. 그럼에도 불구하고 역설적이게도 연대기를 정리하는 작업은 매우 중요하다. 원래 삶 자체가 연대기 방식으로 구성되기 때문이니까.

반면에 기전체는 사건, 인물, 일, 사물 등을 중심으로 이야기를 전개하는 방식이다. 역사 관련 책을 보면 임금, 전쟁, 경제, 사건, 생활상 등으로 내용이 기술된 것들을 본다. 편년체보다 훨씬 흥미롭다. 그런데 이야기를 전개하다 보면 연대기(연월일) 안에 사건, 인물 등이 속해 있고, 사건 안에 자연스럽게 연대기가 언급되기도 한다. 즉, 혼합형으로 흐르게 된다. 필자의 의견을 얘기하자면, 기전체를 택하여 쓸 것을 추천하고 싶다. 본서에서는 두 가지 방식을 소개하니 독자들이 판단해서 좋은 쪽을 선택하면 된다.

편년체 전개 방식

중고등학교 역사책을 보면 고조선 시대에서 시작하여 삼국시대… 조선시대, 건국 이후까지 시대별로 흥망성쇠가 나열되어 있음을 알 수 있다. 대표적인 편년체적 기록이다. 개인의 역사에 대해 기록한 책들도 이와 같은 형식으로 구성된 것들이 많다. 다룬 내용들을 보면 대강 이렇다.

- 유년시절
- 초등학교 시절
- 중학교 시절
- 고등학교 시절
- 대학교 시절
- 청년기(20대 후반부터 30대 말)
- 중년기(40대부터 50대 중반)
- 은퇴기(50대 중반 이후부터 70대 중반)
- 노년기(70대 중반 이후)

대체로 무난한 방식의 자기 역사 쓰기 흐름이긴 한데, 한눈에 봐도 "재미없겠네!" 라는 느낌이 들지 않는가? 그럼에도 불구하고 많은 자서전 류의 책들이 이 방식을 택하는 이유는 딱 한 가지, "쉬울 것 같다" 라는 선입관 때문이 아닐까 싶다. 실제로도 쉬운지는 잘 모르겠다.

물론, 각각의 시절 안에서 사건이나 인물 등에 관한 이야기들을 가지고 쓰겠지만 목차 설계에서부터 건조하고 지루하다는 느낌이 든다는 게 문제다.

기전체 전개 방식

필자가 추천하는 방식이다. 기억하는가? 바로 앞 페이지에서 "기전체를 택하되, 연대기를 정리하는 것은 매우 중요한 작업이다" 라고 했다. 연대기를 정리한다는 것은 바로 역사 연표를 만드는 작업이다.[12] 현재 대한민국에 살고 있는 모든 사람은 한국 현대사 속의 '나' 라는 개별적 존재이다. 그러므로 내 삶의 모든 부분은 직간접적으로 한국 현대사의 흐름 속에서 영향을 받으며 살아왔다.

그렇다고 해서 자기 역사 쓰기를 바로 어제까지 살아온 삶 전체를 기록해야 한다는 생각은 버려야 한다. 『골든아워』[13]는 앞에서 잠시 언급했던 아주대학교 병원 이국종 교수가 2002년부터 2020년까지 중증외상센터에서 체험한 사건들을 담아 정리한 매우 돋보이는 자전적 기록이다. 주로 전문 영역에서 일하는 사람들은 치열하게 살아내는 현장의 모습을 자전적 형식으로 담아내는 경우가 많다. 이런 형식의 자기 역사 쓰기야말로 가장 기전체에 가까운 기록물이라고 할 수 있다.

필자의 저서인 『김호영의 자기역사_미완의 시간여행』은 편년체와 기전체의 혼합형인 것으로 평가할 수 있겠다. 장(章) 중심의 목차를 소개하면 다음과 같다.

- 흙과 바람의 아들
- 획일의 능선을 넘어
- 안정을 위한 쓸모, 변화
- 성공적인 삶을 산다는 것
- 세상 소풍이 끝난 자리

---

12) 역사 연표를 만드는 방법은 나중에 자세하게 다룰 것이다.

13) 골든아워1 : 202~2013, 골든아워2 : 2013~2020

이상의 목차에서 보듯이 연대기적 표현은 전혀 보이지 않는다. 이 책을 쓰는 과정에서 여러 유형의 자서전 관련 책들을 검토했다. 특별한 경우(시나 산문 형식의 자서전 등)를 제외하고 거의 공통적으로 다루는 부분을 발견할 수 있었는데, 고향·부모님과 가족 등에 관한 부분이다. 아마도 지은이의 정체성 형성이 바로 그런 요인들에서 비롯되었음을 알리고 싶다는 욕구에서 그랬을 것으로 짐작한다. 매우 자연스런 현상이다.

02

글쓰기는 자료 싸움

글쓰기는 자료 싸움이다. 자료와 씨름한다는 것이 아니고, 자료가 곧 글의 내용 수준을 결정한다는 뜻이다. 특히, 사실을 바탕으로 하는 자기 역사 쓰기는 자료 없이는 한 발짝도 나갈 수 없는 쓰기 영역이다. 그러니 쓰는 이에게 자료야말로 기억의 불완전함으로 허우적댈 때 비빌 수 있는 유일한 언덕이다.

필자는 초등학교 입학 연도를 정확하게 기억하지 못하고 있었다. 아무래도 미심쩍어 초등학교 동창에게 연락했는데, 그 친구 기억이 정확했다. 내 짐작에만 의존해서 글을 썼다면 탈고 후에 대략 난감할 뻔했다. 그 친구의 한마디가 나를 구해 준 셈이다.

자기 역사를 쓰는 과정에서 활용할 수 있는 자료의 유형은 크게 세 가지이다. 첫째는 자신의 머릿속에 저장된 자료(memorized data), 둘째는 이미 다른 목적으로 생산된 자료인 2차 차료(secondary data), 그리고 기억자료와 2차 자료의 부족함을 메워주는 1차 자료(primary data)이다.

그런데 각각의 자료마다 특성과 장단점이 있기 때문에 상호보완적으로 사용하도록 한다.

기억된 자료는 필요할 때마다 바로 꺼내 쓸 수 있는 장점은 있지만 부정확할 수 있다는 것이 단점이다. 자기 역사 쓰기는 항상 사실에 기반을 두어야 한다는 전제가 있다. 따라서 연도, 시간, 인명, 장소, 사건의 전개 상황 등에 대한 잘못된 서술이 후일 논란거리의 단서가 되어서는 안 될 것이다.

2차 자료는 많은 부분에서 기억된 자료를 보완한다. 예를 들어, 사진 자료를 보면 당시의 장면이 연상되는 효과가 있어 자기 역사 쓰기를 하는 데 대단히 유용하다. 그리고 대부분의 자료에는 연월일, 인물, 장소 등이 명시되어 있어 사실을 추론할 필요도 없다.

자기 역사 쓰기를 진행하다 보면 기억자료와 2차 자료 이외에 필요한 자료가 있을 수 있다. 예를 들어, 어렸을 때 살았던 고향집, 또는 놀았던 장소에 대해 꼭 기록하고 싶은데 찍어둔 사진이 없는 경우가 있다. 실제로 70년대 이전 까지만 해도 사진을 찍는 일이 그렇게 흔한 일이 아니었다. 그러므로 자료를 얻기 위해 직접 현장을 방문할 수밖에 없다. 그리고 이왕 간 김에 아직도 생존해 계시는 동네 어르신과 인터뷰를 할 수있으면 일석이조(一石二鳥)가 아닌가.

필자는 지금까지 자기 역사 쓰기 지도사 교육과정을 운영하면서 강의 첫 날부터 글쓰기에 필요한 자료목록을 참가자들에게 보여 주고, 참가자들이 해당 자료를 모두 확보할 때까지 계속 점검하고 있다.

❙자기 역사 쓰기에 필요한 자료 목록❙

자료 유형		확보 여부(○, ×)
사진/앨범		
초중고 생활기록부		
가족관계 및 주거지 이동 자료	제적등본	
	가족관계증명서	
	주민등록초본	
일상 활동 자료	업무용 다이어리	
	일기장	
성과 자료	학위, 논문, 저서	
	상장, 표창장	
	합격증서, 수료증	
	졸업장	
사업자 등록증, 폐업 증서		
기타 (건강진단서, 사망진단서 등)		

※ 글쓰는 사람의 상황에 따라 선택적으로 사용할 수 있다.

위의 목록표는 자기 역사 쓰기를 할 때 누구에게나 공통적으로 소용되는 자료목록이다. 누구든지 자기역사를 기록하고자 한다면 최소한 확보해야 할 자료이다.

(1) 사진 자료

사진이 곧 역사다. 자기 역사 쓰기 작업에서 가장 강력한 자료는 사진이다. 사진을 시계열로 나열해 보는 것으로 그 사람의 삶 전체를 엮어낼 수 있다. 그러므로 사진이 우리에게 주는 메시지는 매우 명확하다. 바로 치유효과다.

한 장 있는 빛바랜 흑백 사진 속
거기 담임 선생님(김재민) 계시다.
함께한 열 명의 동창생들
오늘은 졸업사진 찍는 날
내가 제일 작다.

〈담임 선생님과 찍은 딱 한 장의 사진〉

선생님도 헤어짐이 아쉬우셨나 보다.
한없는 사랑과 가르침으로 인자가 넘치셨던 분
아직도 기억나는 한 토막,
학예회 출연진으로 뽑힌 나
친구들과 노는 게 더 좋아 땡땡이치고
책임감 없는 제자가 한심해 보이셨을까
다음 날 난 아프도록 몽둥이찜질을 당했다.
선생님,
아직도 저는 그 순간을 잊지 않고 있어요.
주어진 일에는 최선을 다해야 한다는 것을!

사진이 우리에게 던져주는 매우 의미 있는 특성이 있음을 아는가? 사진을 찍었던 시점과 상황을 회고해 보라. 대부분은 즐겁고 유쾌한 순간들이지, 슬프거나 화가 날 때 찍은 사진은 없다. 백일잔치, 돌잔치, 생일기념, 입학 기념, 졸업 기념, 학위수여식, 표창장 받은 날, 동창 모임, 회갑 기념, 칠순 기념, 여행, 봄 소풍, 가을 소풍, 해외연수, 야유회, 박물관 견학, 박람회, 전시회 등등. 여기에 슬프고, 화가 난 순간이 있는가.

사진이란 원래 일상의 즐거운 이벤트를 기념하기 위해 찍는다. 그래서 옛날 사진을 보는 것만으로도 힐링의 효과가 있는 것이다. 이른 바, 포토 힐링(photo healing)이다. 순간을 대변하는 사진 한 장에 대한 설명으로 자기역사를 담을 수 있다.

성균관 대학교 공대교수 전몽각이 쓴 『윤미네 집』은 가족사진만으로 자기역사를 꾸며낸 훌륭한 책으로 정평이 나 있다. 나 역시 『미완의 시간여행(1954~2021)』의 후속작으로 포토 자기 역사 쓰기에 착수하였다. 많은 문자로 엮인 자기 역사 쓰기 보다 읽기도 편하고 사진에 대한 느낌과 회고를 담고 있어 더욱 감동적일 것으로 생각한다. 여기에 그 일부를 소개한다.

긴 글을 쓰는 것이 부담스러운 사람들에게는 먼저 포토 자기 역사 쓰기를 시도해 보는 것도 좋은 접근 방법일 수 있다.

(2) 초·중·고 생활기록부 자료

자기 역사 쓰기에서 초 · 중 · 고등학교 생활기록부는 매우 유용한 자료이다.

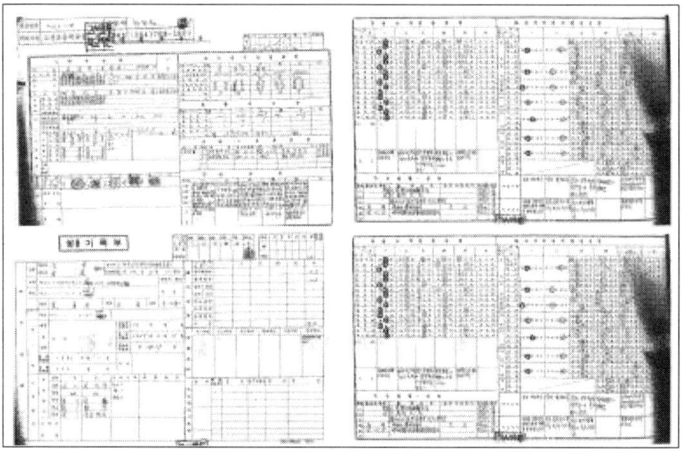

〈필자의 초등학교 생활기록부. 팩스로 받아 식별이 어려운 부분이 있다.〉

필자 역시 자기 역사 쓰기를 착수하면서 가장 먼저 입수한 것이 바로 이들 자료이다. 요즘에는 행정체계가 좋아, 발급받는 것도 매우 간편하다. 근처에 있는 학교를 방문해서 발급신청을 하면 길어야 1시간이면 손에 넣을 수 있다. 한 가지 아쉬운 부분이 있다면 팩스자료라서 글자가 뭉그러지거나 희미해서 식별이 어려울 수 있다는 것이다.

생활기록부의 주요 항목은 학교에 따라 다를지 모르지만 우리 학교는 크게 8가지 항목으로 나누어 학생의 활동상황을 기록하였다.

▎초등학교 생활기록부(요약)▎

항목별	기록 내용
1. 학적 상황	• 본적 및 주소 : 제주도 북제주군 한경면 고산리 2160 • 입학 연도 : 1961년 4월 1일 • 가족관계 : 누나2, 형2, 동생2 • 부모님 직업 : 농업 • 부모님 학력 : 부-국졸, 모-무학
2. 신체발달 상황	• 특별한 질병은 없었으나, 체능급수는 하급/중급 정도
3. 출석 상황	• 2학년 때 제외하고 매년 정근상을 받음. • 2학년 결석일수 : 16일로 되어 있음. 결석 사유로 '가사조력'으로 되어 있으나, 아마도 병가인 것으로 추측됨
4. 표준검사 사항	• 2, 3학년 때 교내 일제고사 결과에 대한 기록이 있음. • 2학년 때는 145/200(200점 만점에 145점으로 추정), 3학년 때는 54/100(100점 만점에 54점으로 추정) • (담임)의견 : '각과 보통' 으로 표기
5. 종합란	• 용의단정, 학업성적 향상되고 있음, 사귀는 동무가 많음, 발표력 능숙함, 온순 착실함, 우등상과 정근상 받음(5학년)
6. 행동발달 상황	• 전체적으로 양호한 편임
7. 특별활동 상황	• 문예반, 글씨반 : 말없이 잘 참가함, 사이좋게 지냄, 매사에 열의가 있으며 향상하고 있음
8. 교과 학습 발달상황	• 각 과목이 양호하나, 예능면에서 노력이 필요함. • 발표력이 능함

"과연 담임 선생님이 나를 어떻게 평가하셨을까?" 에 대해 몹시 궁금했다.

초 · 중 · 고등학교는 특히 에피소드가 많은 시절이기도 해서 쓸거리도 많다. 친구들과의 싸움, 부모와의 갈등, 공부의 어려움, 이성 문제 등 무궁무진하다. 결코 건너뛸 수 있는 역사가 아니다. 우리는 전후(戰後)의 세대라 의식주의 문제가 절박했다. 강냉이떡으로 급식을 받았고, 검정고무신 한 켤레로 살았던 세대다. 거기에 얽힌 에피소드

한 대목을 소개해 보겠다.

우리는 검정고무신 세대다. 생고무로 만들어서 그런지 질겼다. 거의 모든 학생들이 검정고무신을 신었다. 반에서 서너 명 정도, 제법 잘 사는 집 아이들은 그래도 운동화를 신고 다녔다. 그런데 참 재미있는 일이 종종 발생한다. 사실, 그 당시에는 매우 심각하고 난감한 일이었지만 말이다.

〈추억의 검정 고무신〉

보통 한 학년은 두 반으로 나뉘어져 있었고, 한 반 학생 수는 약 60~70명이었다. 1반과 2반 교실에 들어가는 입구가 하나였는데, 공부가 동시에 끝나 두 반이 한꺼번에 나올 때가 문제였다.

신발장은 반별로 나눠 사용하니, 한 개의 신발장에는 60~70켤레의 검정 고무신이 놓여 있었던 셈이다. 그런데 어떤 심술궂은 놈이 먼저 나오면서 신발장에 있는 신발을 모두 바닥으로 쓸어내려 버린다. 크기가 거의 비슷한 검정 고무신 60~70켤레가 뒤엉킨다. 그야말로 아수라장이다.

"어, 내 신발, 내 신발 어디 갔지?"

동작 빠른 놈들은 새 신을 꿰차고 튄다. 가장 난감한 일은 마지막에 교실을 나서는 놈이다. 신발이 아예 없거나 낡은 신발이

한 짝, 혹은 한 켤레가 있어도 발에 전혀 맞지 않는 신발이 여기 하나 저기 하나 흩어져 남아있다. 그러니 신발이 낡아 떨어질 때까지 자기 신발을 신고 다니기는 거의 불가능했다. 아무리 신발 코에 쇠 부지깽이를 달궈 자기 이름을 새겨 두어도 별로 효과가 없었다. 가끔은 자기 신발을 신었다고 서로 싸우기도 하지만 내 일이 되면 또 바뀌게 되어 있으니까.

(3) 가족관계 및 거주지 이동자료

가족관계 및 거주지 이동에 관한 자료 또한 자기 역사 쓰기에서 빠질 수 없는 자료이다.

가족관계증명서(상세)에는 조부모, 부모님과 형제들을 포함한 3세대의 기록들로 채워져 있다. 특히, 우리가 평소에 관심을 갖기 어려운 출생과 사망에 대한 기록들이 있어, 새롭게 가족들과 관계를 만들어 가는 데 요긴하게 쓰일 수 있다. 필자의 경우, 형제가 4남 5녀다. 달력이나 다이어리에 형제들의 생일을 메모해 놓지 않으면 언제 생일이 지났는지 까맣게 모른 채 지난다. 자기 역사 쓰기를 시도하지 않았다면 아직도 형제들의 생일을 모르고 지나쳤을 것이다. 형제들의 생일을 기억해 환기하는 것만으로도 관계가 좋아질 수 있음을 확인하게 될 것이다. 간단한 선물이나 한 끼 점심이 곁들이면 관계의 깊이는 배가 될 것이다.

제적등본은 과거 호적등본으로 통용되었던 서류이다. 혼인관계, 본인과 배우자의 본적 및 출생 장소, 그리고 자녀들의 출생일과 출생 장소 등이 기록되었다. 부모님과 형제들이 포함된 제적등본을 별도로 발급받아 볼 필요가 있다. 거기에는 부모님과 형제들의 출생과 사망, 혼인관계, 배우자. 혼인 후의 거주 장소 등이 상세하게 기록되어 있어서 가족관계에 대한 상황을 정리할 때 매우 유용하다. 자기역사 쓰기를 시도하는 사람이라면 반드시 필요한 자료이다.

주민등록초본은 거주지 이동경로가 자세하게 명시된 자료이다. 산업화는 우리를 이리저리 많이 몰고 다녔다. 진학, 직장, 결혼, 집장만 등을 이유로 우리 세대는 아마 수십 번은 이사를 했을 것이다. 특히, 서울에 사는 사람들은 거주지 이동이 더욱 심했다. 당시의 역동성이 긍정적인 측면도 있었지만 부정적인 부분 또한 무시하지 못할 사항이다. 정들만 하면 이별해야 했으니까. 필자의 경우 현재 거주하고 있는 집에 살기까지 16번의 유랑생활을 했음이 주민등록초본은 밝혀주고 있다. 우리네의 삶의 속성으로 미루어 볼 때 새로 거주한 곳마다 에피소드가 그득하다. 이 또한 놓칠 수 없는 글쓰기 소재거리가 되어 좋다. 다음의 사건은 결혼 초 장위동 단칸방에 세들어 살 때의 사건이다.

어느 날 저녁 아내가 울면서 퇴근했다.

"지갑을 날치기 당했어."

당시 아내는 4*6배판 책 크기의 끈 없는 핸드백을 들고 다녔다. 동네 청소년들이 젊은 처자가 겨드랑이에 끼고 있는 지갑에 뭔가 큰 금액이 들어있을까 싶어 순식간에 빼앗고 달아났다. 속수무책, 그들의 뒤를 어떻게 쫓을 수 있었겠는가. 울면서 왔다. 그들이 원하는 것은 돈 밖에 없겠다는 판단이 섰다.

"분명 근처 쓰레기통에 지갑을 던져 넣었을 거다."

아내와 나는 저녁 어스름 뿌연 가로등이 비추는 근처 쓰레기통을 하나하나 더듬고 다녔다. 아니나 다를까, 내 판단이 적중했다. 몇 푼의 돈을 내어준 지갑이 쓰레기통에서 울고 있었다. 찾았다는 그 자체가 기뻤다. 우리는 서로를 보며 말없이 웃었다.

이곳에 사는 1년 동안 우리는 이 외에도 여러 가지 사건을 겪었다. 의견의 차이에 의한 부부간의 갈등, 주인집 아주머니와의 갈등, 신혼 살림살이의 누추함 등으로 인하여 우리는 얼마 되지 않는 에너지를 소진하는 과정을 수 없이 겪어야만 했다. 다음은 서울의 마지막 달동네라고 알려진 신림7동(난곡지역)에서 겪은 사건의 기록이다.

도둑이 들었다. 이사한 지 얼마 안되어 생긴 일이다. 우리 집은 허술했지만 옥상이 있는 콘크리트 구조물이었다. 옥상에는 방이 좁아 다 들이지 못한 물건들을 야적했다. 어느 날 밤 11시 쯤 되었을까. 옥상 출입문이 달그락거리는 소리가 들렸다. 연탄을 갈기 위해 부엌에 있었던 나는 순간 뭔가 이상한 느낌에 머리털이 곤두서고, 온몸에 소름이 돋았다. 방에 있는 아내에게 사실을 알렸다.

"옥상에서 뭔가 달그락거리는 소리가 나는데!"

아내가 나왔다. 놀랍게도 '식칼'을 든다. 나는 연탄집게를 들었다. 나보고 따라오란다. 가슴이 출렁거렸다. 엉거주춤한 자세로 아내를 따라 옥상으로 난 가파른 계단을 오른다.

"저건 도대체 무슨 배포지."

낡은 옥상문을 슬며시 열고 옥상으로 들어섰다. 아무도 없다. 여전히 내가 서 있는 자리는 아내의 뒤였다.

(중략)

"아무도 없는 것 같은 데 내려가지."

야적한 물건들 뒤로 좁은 통로가 있는데 거길 확인해 보잔다. 역시 나는 아내 뒤에 엉거주춤 서 있었다. 쌓여 있는 물건들 모퉁이를 돌아 좁은 통로를 확인한 순간, 아내가 얼음같이 차갑고, 갓 벼린 칼날같은 소리로 고요한 산동네의 정적을 가른다.

"이노무 새끼!"

외마디와 동시에, 아내는 들고 있던 식칼을 시커먼 물체를 향해 던졌다. 이 소리와 동작에 놀라 자빠지지 않을 놈이 있을까. 시커먼 물체는 사력을 다해 가난한 산동네에 어지러이 얽히고, 뻗어있는 전선줄을 용케 피해 옥상에서 뛰어내려 도망친다. 아내가 옥상에서 내려갔다. 나도 뒤따라 뛰어간다.

"도둑이야, 도둑 잡아라!"

늦은 밤이라 내다보는 이가 없다. 쫓다가 물체가 보지 않아 집으로 돌아왔다. 잠자리에 들었지만 아직도 내 가슴은 진정이 안된다. 아내에게 물었다.

"안 무서웠어?"

"뭐가 무서워요. 애들을 지켜야 하는데..."

그녀는 무서운 여자다. 아이를 기르는 여자는 함부로 건드리면 죽는다. 그 사건 이후, 우리는 2년 동안 안전을 보장받고 살 수 있었다. 추측컨대, 시커먼 물체들 사이에서 소문이 나지 않았을까 싶다.

"저 집에 잘못 갔다가 칼맞아 죽는다!"

어쩌면 인생이란 우리 스스로 만들어낸, 때로는 외부에서 만들어진 크고 작은 사건과 사고를 해결하려고 씨름하면서 애쓰는 여정이 아닐까.

(4) 일상 활동 자료

지나온 날들을 회고할 때 일기와 업무용 다이어리는 일상의 활동을 소환하기에 너무나 소중한 근거자료가 된다. 다이어리에는 항상 연월일과 시간, 얽힌 사람, 그리고 실행 내용들이 기록되어 있다. 이것들은 자기 역사 쓰기를 진행하면서 염려되는 자료의 부정확성의 문제를 보완해 주는 데 큰 역할을 한다.

(5) 성과자료

우리는 살면서 크고 작은 성취를 향하여 끊임없이 달려간다. 어쩌면 우리의 눈에 보이는 인생목표가 그것들을 향해 온 것이 아닌가 하는 생각이 들기도 한다. 성과자료는 목표를 이룬 흔적들이다. 그 속에는 우리가 쏟은 땀과 눈물이 있다. 그 숫자만큼 우리의 지식과 기술이 누적되어 있다고 할 수 있을 것이다. 작은 표창장에서부터 박사학위 증서에 이르기까지 다양하다.

성취의 크기가 클수록 기간이 길고, 쏟은 땀의 양은 많아진다. 덩달아 에피소드도 많으니, 쓸거리도 넘친다. 필자는 직장생활 중에 박사학위 과정을 이수했다. 낮에는 직장, 밤에는 야간대학 시간강사 등으로 지친 와중에 잠시 짬을 내어 수업에 참석하는 방식으로 과정을 수료했다. 지금 생각해 보면, 배려해준 직장동료와 교수님들, 후배들, 그리고 가족들에게 감사할 뿐이다. 그 과정은 5년을 꽉 채웠다. 30대 중반에서 40대를 막 넘기는 시점까지 고달픈 여정이었지만 앞으로 기댈 언덕은 학위 밖에 없다는 심정으로 붙들고 늘어졌다.

30대 중반을 다음의 질문을 던지면서 시작하였다.

"50세 이후의 삶을 어떻게 설계할 것인가?"

안정을 누리던 30대 후반의 시기에 나에게 던진 첫 번째 질문이었다. 그 다음,

"그렇다면 한국생산성본부는 나의 미래를 보장해 줄 수 있는가?"

결론, No!

방향이 확고해졌다. 박사학위 받고 나가는 거다. 1994년 8월, 기어이 학위를 받았다. 직장생활을 하면서 박사과정을 하고, 학위를 받는다는 것은 결코 만만한 길이 아니었다. 수업에 참여하고, 리포트를 쓰고, 학비를 내고...

모든 과정이 높은 장애물로 다가왔다. 그러나 패러다임 시프트가 제대로 작동하면 모든 장애는 해결가능한 일상의 과업 중 하나로 바뀌는 것을 체험하였다. 현재의 상황에서 원하는 상황으로 이동하려는 사람은 일생 중 어느 한 구간은 미치도록 집중해야 한다. 나같이 지극히 평범한 사람은 더욱 그래야 한다. 논문을 쓰기로 작정한 이후, 나는 1년 6개월을 집중했다.

(중략)

새벽까지 논문을 마무리하고, 마지막 감사의 글을 쓰고 나니 사무실 창문에 새벽 하현달이 걸려있다. 피곤과 졸음이 한순간에 몰려왔다. 사무실 귀퉁이 소파에 쓰러지듯 몸을 던졌다. 새벽 여섯시 쯤 들어온 청소 아주머니가 깜짝 놀란다.

"이게 희열이구나!"

지난 2년의 세월이 빠른 속도로 스치고 지나갔다. 모든 것이 감사하고, 또 감격이다. 이렇게 나는 50 이후를 위한 첫 번째 준비를 마무리했다.

그래서 그런지 대학원 겸임교수로 재직 중, 직장생활을 하면서 학위과정을 하는 학생들에게 각별한 애정이 갔다. 그들을 위해 지금도 연구조사 방법론을 무료로 개별지도를 하고 있다. 공부 멤버의 일원이 학위를 받는 것이 그렇게 기쁠 수가 없다. 늦은 나이에 만끽하는 큰 즐거움이다.

(6) **기타 자료**(사업자등록증, 폐업자료, 건강진단서, 출생증명서, 사망진단서 등)

쓰는 이의 상황과 형편에 따라 여러 추가 자료들이 있을 것이다. 사업을 하고 있거나 했던 사람은 사업자등록증과 폐업증서, 건강문제로 고초를 겪었던 사람은 건강진단서, 자녀가 있는 사람들은 아이의 출생증명서 등을 필요에 따라 확보하도록 한다.

특별히, 자영업자나 중소기업 사업자들은 그 애환이 남다를 것으로 짐작이 간다. 그 과정을 통하여 체득된 경험과 사업 노하우를 기록으로 남기는 것은 대단히 의미 있는 일이다. 만일에 자신의 사업을 자녀에게 물려줄 계획이 있는 CEO에게 자기 역사 쓰기는 무형의 가치를 함께 승계하는 효과를 거둘 수 있을 것으로 기대한다.

출생증명서는 어떤가. 자녀 출생 시의 환희, 그 충만감은 하늘의 별을 딴 듯하다. 그 느낌을 기록하고, 자녀에게 전해해 보자. 그 글을 읽는 자녀의 자존감이 높아질 수밖에 없을 것이다.

누군가의 사망증명서는 우리를 아쉬움과 안타까움, 때로는 회한의 감정을 안긴다. 그 속에는 켜켜이 쌓여 있는 못다한 이야기들이 함께 잠들어 있다. 때로는 빛진 자로서의 우리가 어떤 삶을 살아야 하는지에 대해 새로이 방향 바꾸는 터닝포인트가 되기도 한다.

03

인생의 변곡점 그리기

자기 역사 쓰기 교육과정을 진행할 때 자주 나오는 질문이 있다.

"무얼 써야 하나요?"

수강생의 입장에서 사실 가장 고민이 되는 부분이다. 멋진 글을 쓰고 싶은 욕심은 차치하고라도, 도대체 무얼 써야 하는 것일까? 즉, 글쓰기 소재 찾기에 관한 문제이다. 궁리 끝에 택한 방식이 있다. 자신이 살아온 역사를 변곡점(變曲點) 중심으로 그려보도록 하는 것이다. 변곡이 무엇이겠는가. 바로 굴곡이 아닌가. 그렇다. 굴곡없는 인생이란 없다. 좋은 일 뒤에는 나쁜 일이 있고, 나쁜 일 끝에는 좋은 일이 기다리는 게 인생사다. 테마파크에 예외 없이 존재하는 롤러코스터 타기는 흡사 우리네 삶과 닮아 있다고 생각한다.

다음 시트는 살아온 삶의 변곡들을 그리기 위한 것이다. 이 글의 독자라면 꼭 그려볼 것을 강권하며, 유용하게 쓰일 양식이다. 직접 그려봐야 그 중요성을 깨닫게 될 것이다. 되도록 큰 종이에 그려보는 것이 좋다.

변곡점을 그려보는 것만으로도 무엇을 써야 할지 감을 잡을 수 있다. 우리네 삶이란 누구든 예외 없이 우여곡절의 연속이요, 그 합이 곧 한 사람의 인생 전체다. 길고 짧음, 크고 작음의 차이만 있을 뿐 매일 직면하는 것이 사건이요, 사고이다. 따라서 변곡점과 변곡점 사이에는 많은 스토리와 에피소드가 많이 숨어있다. 하나의 변곡점을 중심으로 하여 전과 후를 생각해 보라. 필자는 출생과 농사일 사이에서 찾을 수 있는 스토리와 에피소드를 자기역사쓰기 소재로 사용하였다.

▌내 삶의 변곡점 그리기▐

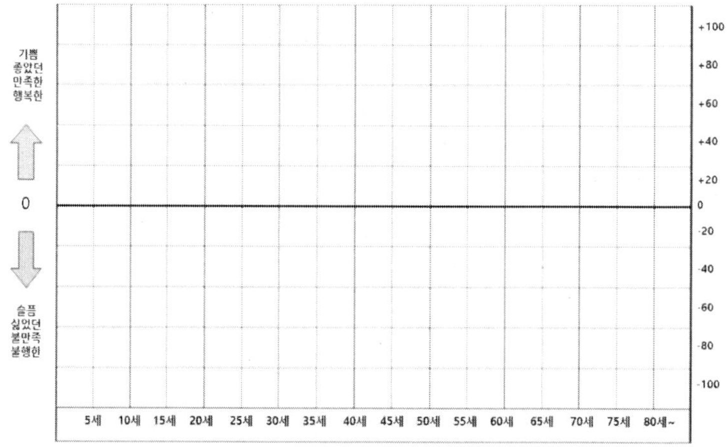

〈변곡점들을 연결하고, 그것들을 합한 것이 그 사람의 삶 전체이다〉

출생과 자란 환경에 대해 글을 엮은 것을 아래에 소개해 본다.

1954년 7월 음력 10일.

수직으로 내려찍는 8월의 뜨거운 태양빛과 함께 나는 세상을 마주하였다. 휴전협정이 1953년 7월 27일에 이루어졌으니 얼추

협정 1년 후에 태어난 것이다. 당시 내 위로는 형님 두 분과 누님 두 분이 이미 세상구경 중이었다.

어머니는 내 뒤로 4명의 동생들(1남 3녀)을 순산하셨다. 정말 대단한 출산력이다. 그런데 더 대단한 것은 출산 3일 후에 밭일을 나가셨다는 사실이다. 아무리 농번기라고 해도 이건 너무 심한 역사다. 나이가 든 후 그런 사실을 어머니로부터 듣고는 어머니가 가엽기도하고, 아버지를 원망했던 일이 어렴풋이 기억난다. 오늘날에는 상상하기 어려운 일이지만, 생각해 보면 그 당시 농촌의 모든 삶의 방식이 비슷했기에 크게 특별한 일도 아니었다.

나는 4남 5녀 중 다섯 번째인데 우리 형제는 대부분 세 살 터울로 연결되어 있다. 그래서 근 30년 동안 우리 집 마당 빨랫줄에는 하얀 무명 기저귀가 걸려있지 않은 날이 없을 정도였다. 그 광경은 흡사 장례행렬 맨 앞에서 하얀 만장들이 펄럭이는 모습으로 내 눈앞에 어른거린다. 무명 기저귀는 펼치면 아마 넓이가 30cm 정도에, 길이가 1m 정도는 족히 되었지 싶다. 그것을 적당한 크기로 접어서 기저귀로 사용했다. 뿐만 아니라 형제끼리 대물림으로 재활용했다.

(중략)

우리 집은 전형적인 농촌 가정이어서 사계절 분주했다. 더군다나 세 살 터울로 매달린 자식들을 돌보는 일도 만만치 않은데, 농사일까지 감당해야 했으니 그 삶의 무게가 어느 정도였는지 요즘의 세대는 도저히 상상할 수 없을 것이다. 이런 상황에서 자녀들을 제대로 양육한다는 것은 불가능한 일이었다.

우리 형제들은 어려서부터 농사일에 매달렸다. 4계절 내내 쉬는 날이라곤 없었는데, 어쩌다 쉬는 날이 있었다. 태풍 부는 날,

비오는 날, 눈 오는 날, 명절날 등이 바로 그런 날이다.

중학교 때인가 어머니께 들은 이야기인데, 내가 태어나 얼마 안되어 애기구덕(요람)에 눕혀놓고 김을 매다 보면 그늘막이 바람에 날려 8·9월 햇볕에 얼굴이 익어있거나 탯줄이 없어지지 않은 때라 배꼽에 구더기가 생기기도 했다고 한다.

이 글을 통해 필자의 출생과 어린 시절의 환경이 어땠는지 알 수 있다. 그리고 나의 정체성의 근원이 어떤 과정을 거쳐 어떻게 형성되었는지 대강 짐작할 수 있는 단서들을 추적할 수 있다.

출생 전의 환경을 보면 한국전쟁이 막 끝난 직후여서 국가 내부적으로 매우 어수선한 상황이며, 필자가 태어나기 전 이미 형님들(2)과 누님들(2)이 존재하고 있었을 뿐만 아니라, 나중에 동생들(4)이 태어나면서 4남 5녀의 대가족 속에서 양육되었음을 알 수 있다.

출생 후의 형편은 어떤가. 내가 어떻게 키워졌는지, 일찍이 농사일을 체험하면서부터 그 고달픔에 익숙해졌음을 짐작할 수 있다. 고된 노동은 대학생활을 위해 고향을 떠날 때까지 계속되었다. 이런 경험은 후일 필자로 하여금 귀농 · 귀촌에 대해 부정적 생각에 머물게 하는 결정적 계기가 되었다. 그리고 주위에 귀농이나 귀촌을 하겠다는 사람을 "뭘 몰라도 한참 모르는구나" 라는 측은한 시각으로 바라보게 하는 데 결정적인 영향을 미쳤다.

결론적으로, 자기역사를 쓰고자 한다면 반드시 자신의 삶의 변곡점을 그리는 작업에 시간을 쓰기를 권한다. 매우 의미있는 노력이다. 그리는 과정 중에 과거의 사건들은 스토리와 에피소드로 치환되면서 글쓰기 속도를 빠르게 한다.

04

역사 연표 만들기

변곡점 그리기에 이어 서둘러 수행해야 할 작업은 역사연표 만들기다. 기억하는가? 편년체로 자기역사를 기록하는 것은 그리 환영할 바는 못되지만, 그럼에도 불구하고 연대기를 만드는 작업은 중요하다고 했다.

자기 역사 쓰기는 현재의 관점에서 과거를 해석하는 과정이다. 세월이 흐르면서 쌓인 지식과 경험과 연륜은 지난날의 사건들을 재해석하게 하는 역량으로 작용하게 마련이다. 그러면서 독백처럼 나오는 말, "그땐 왜 그랬을까?" 다.

대부분은 반성과 회한, 그리고 아쉬움이다. 성찰은 성장을 갈망하는 사람들이 겪어내야 할 통과의례다. 반성 · 회한 · 아쉬움의 조각들이 그냥 앙금으로 남는다면 그것은 또 다른 하나의 원한(怨恨)의 씨앗이 된다. 사람에 따라 과거의 아픔을 성장의 밑거름으로 사용하기도 하지만 더 큰 원한을 쌓거나 몰락의 명분으로 삼는 경우도 있다. 그게 바로 해석의 힘의 차이이다. Impossible을 보고 누구는 불가능으로 보기도 하지만, 또 다른 누군가는 I'm possible로 해석하기도 한다. 그래서 우리는 스스로를 해석의 거울 앞에 세울 수 있어야 한다. 환자가 자신의 아픈 부위를 의사 앞에 적나라하게 드러내지 않으면 치료의 기회를 놓치는 것처럼...

❙ 역사연표 (일부) ❙

연도	나의 연보	한국현대사	에피소드
1954.8	7.10(음) 출생	• 1월/2차 개헌-사사오입 개헌(초대 대통령에 대한 중임제한 철폐)	• 북제주군 한경면 고산리 2160번지(앞빌레왓)에서 출생 • 야트막한 초가집. 방2, 부엌, 어두운 광, 돼지우리(통지), 작은 텃밭 • 백말띠. 아버지 왈 "남자 백말띠는 좋은 데 여자는 팔자가 세다"고 들었음. • 취학 전 둘째 누님이 한글을 가르쳐줬던 기억이 있음 • 동네 모습 : 20가구 정도 • 집 앞뒤로 밭과 소나무밭, 물통(식수원, 빨래용)
1956	유년시절	• 제3대 정·부통령 선거(대통령 이승만, 부통령 장면)	
1958		• 진보당 사건으로 조봉암이 간첩 혐의로 체포	
1960		• 제4대 정·부통령 선거, 마산에서 부정선거 규탄시위 발생 -윤보선 제4대 대통령 취임 - 3.15부정선거, 4.19혁명→과도내각수립 (수반 : 허정)	• 급식 : 강냉이떡 • 가을운동회 • 땔감(솔방울따기) • 저수지에서 멱감기 • 엉알, 자구내, 눈섬, 차귀도 • 소풍 : 당산봉 또는 수월봉 • 학교대항 체육대회(고산, 용수, 산양, 저청, 신창, 무릉) • 김영절, 고경철과 싸움 • 학교성적 : 중상위권 • 2학년 담임 김군희(?) 샘이 었는데, 괴물 같았음. • 가을운동회 때마다 달리기를 잘 못하여 괴로웠음 • 행진 때마다 강청산(?) 쌤한테 많이 맞음. 보복으로 그 샘 밭에 돌멩이를 많이 던짐.
1961.3	초등학교 입학	• 5.16 군사정변→국가재건 최고회의 구성, 혁명공약 공표 • 부정축재 처리법 공표	
1962	2학년	• 1차 경제개발 5개년 계획 : 경공업 중심의 경제개발 계획 시행 • (북한)4대군사노선 채택 : 전 인민의 무장화, 전 국토의 요새화, 전 군의 간부화, 전 군의 현대화	
1963	3학년	• 제5대 대통령 선거(박정희 대통령 당선, 제3공화국)	

역사연표와 변곡점 그리기는 씨줄과 날줄로 엮이며 상호보완적인 관계로 작동하면서 변곡점과 변곡점 사이를 스토리로 엮는데 요긴한 역할을 한다. 예를 들어, 초등학교 시절에 대해 생각해 보자.

▍변곡점과 역사연표의 활용 예▍

씨줄 / 날줄(사건)	초등학교 시절(연대기)					
	1학년	2학년	3학년	4학년	5학년	6학년
농사	노동의 계절→봄 : 보리수확, 가을 : 고구마 수확					
운동회	행진, 오와 열, 선생님의 체벌					
월동준비	당산봉, 수월봉, 송충이					
싸움	내향성, 말이 별로 없음			고○○, 김○○의 괴롭힘에 대항		
소풍	도시락 밥과 반찬 : 마늘장아찌, 된장, 김치 등					
급식	강냉이 떡					

다치바나 다카시는 그의 저서 『자기역사를 쓴다는 것』에서 "제대로 된 자기 역사 연표를 만들면 자기 역사가 이미 절반은 완성되었다고 봐도 좋다" 라고 강조하고 있다.[14] 필자도 전적으로 같은 생각이다. 자기 역사 연표 만들기 작업의 중요성에 대한 다치바나 다카시의 언급은 계속된다.

"자기 역사 연표를 만드는 가장 큰 의의는 이 연표를 통해 거시적인 관점에서 자신의 인생 전체를 한눈에 파악할 수 있다는 점이다."

여기에서 한 가지 주의할 사항이 있다. 자기역사 연표를 처음부터 너무 자세하게 기록하겠다고 욕심을 부릴 필요가 없다는 것이다.

---

14) 다치바나 다카시, 자기역사를 쓴다는 것, 바다출판사, HY.69

앞에서 보기로 제시한 필자의 자기 역사 연표는 다른 책에서는 다루지 않는 부분이 하나 있음을 확인할 수 있을 것이다. 에피소드 부분이다. 에피소드 부분은 네 개의 항목(연도, 나의 연보, 한국현대사, 에피소드) 중 가장 현장감 있는, 사건 중심의 기록들이다. 독자들이 흥미를 느끼는 것은 에피소드가 있기 때문이 아닐까 싶다.

에피소드와 관련하여 필자의 자기 역사 쓰기인 『미완의 시간여행(1954~2021)』에서 언급된 내용을 소개해 본다. 이 대목은 자기 역사연표에 언급한 내용을 스토리로 엮은 것이다. 55년 이상이 지난 현 지점에서도 이 사건에 대한 기억이 생생한 것은 아마도 그 당시의 상황이 내 머리 속에 깊이 각인된 것이 아니었을까 싶다. 오늘날 타인과의 관계를 맺고, 유지하는 과정에서 무조건 '좋은 게 좋다'는 것은 결코 바람직한 태도가 아님을 일깨워준 사건이었다. "상대방이 좀 지나치다 싶을 때는 들이받기도 해야 한다." 는 생각은 그때의 경험에서 비롯된 것이 아닐까.

김영절의 코피를 터트려 제압하고 나니 나는 한껏 기가 살았다. 얼마 지난 후 나는 고경철과의 사이에서 또 하나의 에피소드 한 복판에 설 수 밖에 없었다. 고경철은 김영절과 같은 동네(삼구)에 사는 동급생이었는데, 내가 키가 작다는 이유로 나를 만만하게 봤던지 집적거리는 것이 김영절보다 더 얄미웠다. 괜히 트집을 잡고, 손가락으로 쿡쿡 찔러댔다. 그날은 토요일이었는데, 귀가하기 전에 학년 전체가 운동장에서 종례회가 있는 날이었다. 공교롭게도 그가 그날따라 내 옆에 붙어 섰다. 또 쑤셔댄다. 굼벵이도 구르는 재주가 있고, 지렁이도 밟으면 꿈틀한다는 데 계속 당하고 있으려니 참을 수가 없었는지 기어코 선전포고를 결단했다.

가슴은 긴장으로 터질 것 같았고, 입안이 말라들었다. 마른 침을 삼키고, 눈을 내리깔고 일갈했다. 에라 모르겠다. 이판사판이다.

"개새끼, 너 있다 집에 갈 때 만나!"

눈치를 살폈다. 갑자기 꼬리를 내리고, 순한 양처럼 군다. 내가 이겼다. 더러운 평화는 평화가 아니다.

자기 역사연표를 작성하다 보면 한국현대사 부분에서 기술하기 어려운 부분을 만난다. 한국현대사에 대해 인터넷 자료를 검색해 보면, 대부분 2010년 정도에서 끝난다. 나머지 빈 칸을 어떻게 채울까를 고민하게 된다. 양식을 빈 칸으로 두는 것은 보기에도 안 좋다. 필자의 경우 그 부분은 국내의 10대 뉴스를 찾아보고 중요한 뉴스 한두 개 정도를 선택해서 채워 넣었다. 직접 시도해 보는 것이 중요하다.

역사연표가 한 가지 방식일 수는 없다. 자기역사를 쓰는 이의 취향에 따라 유용한 형태로 설계하여 사용하기 바란다.

05

자기 역사 쓰기는 질문에 답하는 작업

글쓰기란 원래부터 질문에 답하는 과정이다. 특히, 자기 역사 쓰기 작업을 직접 체험해 본 사람이라면 이 말이 참말임을 금방 알아챌 수 있다.

린다 스펜서의 저서 『내 인생의 자서전 쓰는 법』은 자기역사를 쓰는 데 요긴한 480개의 질문을 던진다. 마치 호남지방에 가서 정식을 시키면 한 상 가득 나오는 반찬가지 수 같은 느낌이 든다. 손님들은 밥상에 있는 반찬을 다 먹을 수도 없지만, 애써 다 먹으려고 애쓸 필요도 없다. 그저 자기 입맛에 맞는 것을 골라 먹으면 그만이다. 아마 음식을 내는 사람도 다 먹기를 기대하지 않을 것이다. 마찬가지로 이 책에 소개된 질문을 모두 활용할 수는 없다. 모두 활용할 필요도 없다. 개인의 여건에 따라 취사선택할 여지는 충분히 있으니 참고했으면 좋겠다. 다음은 책에 소개한 질문들 중에서 대표적인 질문들을 필자의 관점에서 약간씩 변형하여 설계한 것들이다.

나의 출생과 어린 시절

- 학교에서 집으로 돌아오면 무엇을 하였는가?
- 어린 시절 내게 주어진 일은 무엇이었는가?
- 조부모님의 삶에 대해 알고 있는 것은 무엇인가?

청소년기

- 위험한 행동을 한 적이 있는가?
- 10대 시절 가장 어렵게 느꼈던 일은 무엇이었는가?
- 10대 시절 경험한 여름밤에 대한 느낌을 적어 보라.

20대와 30대, 어른이 되어

- 자신의 첫 직업은 무엇이었으며, 왜 그것을 선택했나?
- 사랑에 대해 말해 보라. 품었던 환상과 실제 있었던 일에 대해 말해 보라.
- 모험을 감행한 일은 무엇이었는가?

결혼생활, 부모가 되어

- 결혼하기까지의 과정에 대해 말해 보라.
- 처음 살았던 곳은 어디였고, 일어난 일들에 대해 말해 보라.
- 결혼 초기에 가장 좋았던 일과 힘들었던 일은 무엇이었나?
- 아이가 태어난 상황에 대해 말해 보라.

중년이 되어

- 오래도록 기억에 남는 휴가나 여행에 대해 말해 보라.

- 에너지를 가장 많이 쏟았던 일은 무엇인가?
- 그 시기에 가장 큰 과제는 무엇이었는가?

은퇴 후, 노년이 되어

- 은퇴 후에 일상은 어떻게 변하였는가?
- 태어난 손자를 처음 보았을 때의 느낌은 어땠는가?
- 과거에는 용납하지 못했던 일이지만 지금은 받아들이는 것은 무엇인가?

회상

- 잃어버린 기회에 대해 말해 보라.
- 다시 태어난다면 꼭 하고 싶은 일은 무엇인가?
- 자녀들에게 꼭 해주고 싶은 말은 무엇인가?

이상은 린다 스펜서의 저서 『내 인생의 자서전 쓰는 법』에서 제시한 질문 목록 중 일부와 필자가 자기 역사 쓰기 과정에서 직접 생산한 질문들을 모아 분류하여 정리한 것이다.

질문은 신비한 힘을 갖는다. 누군가와의 첫 대면에서 대화를 하고 싶은가? 그러면 질문을 하라. 대화가 자연스럽게 술술 풀린다. 이것이 바로 "질문을 하면 귀를 기울이게 하고, 답을 얻게 된다."는 원리이다. 또 하나, 질문은 우리의 생각을 자극한다. 우리가 일상의 변화가 없는 것은 질문이 없기 때문이다. 지금 당장 이런 질문들을 던져 보라.

"좀 더 즐겁고, 행복하게 살기 위해 할 수 일은 무엇인가? 좀 더 건강하게 살기 위해 지금 이 순간에 할 수 있는 활동은 무엇인가?, 주변 사람들과 좋은 관계를 유지하기 위해 내가 할 수 있는 일은 무엇인가?"

자기 역사 쓰기란 많은 부분 스스로에 대한 질문에 답을 하는 과정이다. 질문은 생각을 자극하는 힘이 있기 때문에 질문을 잘하는 사람일수록 창의적일 가능성이 높다. 예나 지금이나 우리가 편리하게 사용하고 있는 모든 편리한 도구들은 누군가의 질문의 결과라는 사실이다.

- 음악을 듣고 다니면서 들을 수 없을까? (소니 워크맨)
- 왜 사진을 찍고, 며칠 후에야 사진을 볼 수 있나요? (폴라로이드 카메라)
- 필름이 없는 사진기를 만들 수 없을까? (디지털 카메라)
- 걸레질은 꼭 쪼그리고 해냐 하나요? (스팀 물걸레 청소기)
- 선풍기는 꼭 날개가 있어야 하는가? (다이슨 선풍기)

변곡점을 그린 후, 각 지점에 대해 스스로 질문을 만들어 보면 생각이 꼬리에 꼬리를 물면서 쓸거리가 실타래 풀리듯 술술 나온다. 바로 한 번 시도해 보라.

06

기억의 재생

자기 역사 쓰기 교육과정을 진행하면서 가끔 듣는 질문, "어린 시절에 대해 기억나는 게 별로 없는 데 어떻게 해요?"

과거의 경험과 사건들에 대해 구체적으로 떠올리는 것은 결코쉬운 일이 아니다. 기억이 어려운 것은 '어린 시절' 이라는 주제를 통째로 기억하려는 데서 생기는 현상이다. 그리고 특정 사건이 아니라, 연대기의 한 토막을 기억하려고 하는 것은 옳은 방법이 아니다.

이런 경우에 동원할 수 있는 기법 하나, 쪼개기 기법이다. 이른바, '자르면 잘 보이는 법칙' 이다. 마케팅전략에서 가장 중요하게 따져 묻는 게 고객세분화(segmenting)이다. 고객을 욕구 중심으로 세분화할 수 있어야 거기에 걸맞는 제품을 개발할 수 있고, 광고 · 홍보 · 판매를 효율적이며, 효과적으로 할 수 있다. 모든 이들을 두루두루 만족시키는 제품이 많이 팔릴 것 같지만 천만의 말씀이다. 이를 가리켜 평균법칙의 오류라고 한다.

"모든 사람을 웃기고자 하면 한 사람도 웃길 수 없다."

미국의 유명한 코미디언 빌 코스비(Bill Cosby)의 명언이다. 평균법칙의 오류를 이보다 명쾌하게 정의한 사람이 있을까 싶다. 내 인생의 모든 것을 다 쓸 수는 없는 일이다. 미주알 고주알을 다 기억할 수도 없거니와 모든 순간이 의미있는 것도 아니다. 버릴 것은 과감하게 버리는 것도 중요한 전략이다. 평균법칙의 오류에 빠지지 않을까 조심하라.

기억재생 방법으로 널리 사용하는 도구가 하나 있는데, 바로 마인드맵(Mind Map)15)이다. 아래 그림은 필자의 삶을 마인드맵으로 방식으로 펼치기 위해 얼개를 그려본 것이다.

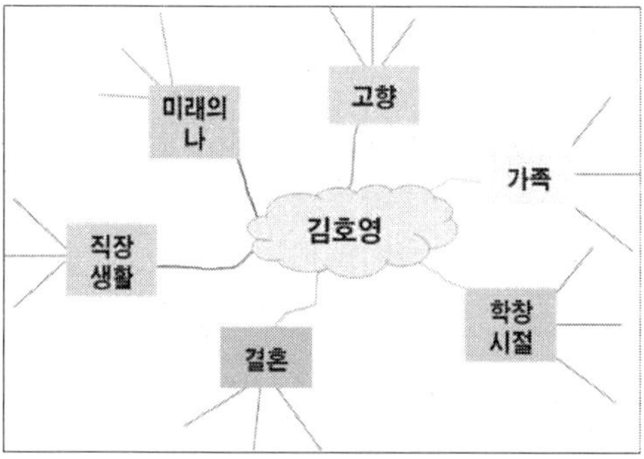

〈마인드맵 모형〉

마인드맵은 3가지 토대를 중심으로 전개하는 것이 원칙이다.

- 방사형(Radiant) : 무한히 사방으로 퍼져 나감
- 이미지(Image) : 문자보다 그림을 사용함
- 구조화(Structure) : 논리적으로 전개함

대부분의 사람들의 자기 역사 쓰기 범주(category)는 남녀의 차이, 혹은

---

15) 마인드맵은 영국의 교육학자 토니 부잔(Tony Buzan)이 개발한 학습과 발상을 위한 도구로써 '생각의 지도'라고 할 수 있다.

특수한 경험을 제외하고는 거의 대동소이(大同小異)할 것으로 짐작된다. 남자의 경우 여기에서 군대경험 정도를 추가하면 될 것이다. 하나의 지면에 모든 것들을 다 표기할 수 없기에 고향 · 가족 · 학창시절 · 결혼 · 직장생활 · 미래의 나 등으로 나누어 맵핑(mapping)을 하는 게 좋겠다.

3가지 토대를 기준으로 보면, 여기에서 소개한 방식은 실제로 마인드맵이라 할 수는 없다. 굳이 얘기하면 유사 마인드맵이라고 할 수 있겠다. 그럼에도 불구하고 이런 모형을 소개한 이유는, 과거에 대한 기억을 재생하는 데 유용하다는 판단에서이다.

위의 마인드맵 모형에서 주 가지를 고향, 가족, 학창시절, 결혼, 직장생활, 미래의 나 등 6가지로 분류하였지만 개인에 따라 더 늘릴(줄일) 수도 있다. 그리고 한 지면에서 6가지 주제에 대해 모두 맵핑할 수 없으므로 각각의 주제별로 맵핑하는 게 바람직하다.

다음의 그림은 필자의 고향에 대해 마인드맵으로 그려 본 것이다. 중심이미지로 가운데에 '고향(고산)' 을 넣고, 주위를 둘러싸고 있는 큰 주제를 교회, 바다, 빌레왓, 수월봉, 당산봉, 농토 등으로 그려 넣었다. 그 다음, 각각의 큰 주제들과 관련되는 사실과 생각들을 방사형으로 전개해 나간다. 세분화될수록 생각이 디테일하게 뻗어나가지 않는가? 이 과정에서 신기하게도 잊었던 과거의 조각들이 계속해서 꼬리를 물고 실체를 드러낸다. 신기한 일이다. 덩어리째 생각하면 드러나기 어려운 부스러기 같은 작은 알갱이들이 당신 앞으로 손을 흔들며 나올 것이다.

마인드맵에 표기된 조각들을 글로 연결하는 것이 자기 역사 쓰기 작업이다. 그러나 완벽한 도구나 모델은 없는 법. 부족한 부분은 변곡점 자료와 역사연표 등과 상호 연계해서 써내려 가면 된다.

▌고향에 대한 마인드맵핑 사례▐

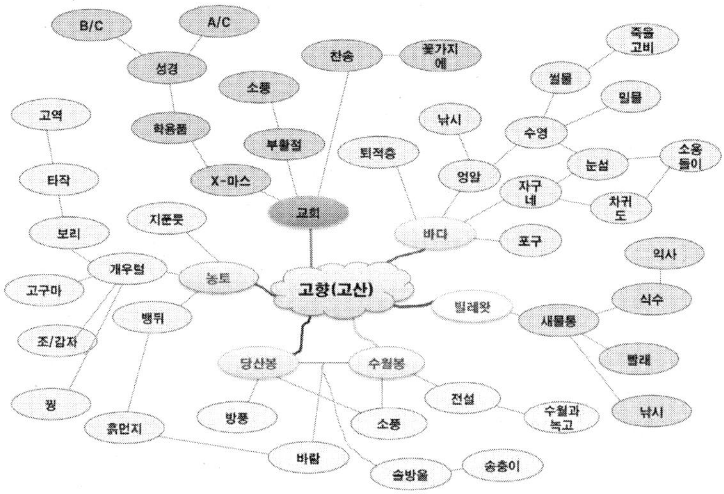

하나만 더 소개해 보겠다. 학창시절 관련 내용을 마인드맵으로 정리한 것인데, 참고가 될 것이다.

▌학창시절 관련 마인드맵핑 사례▐

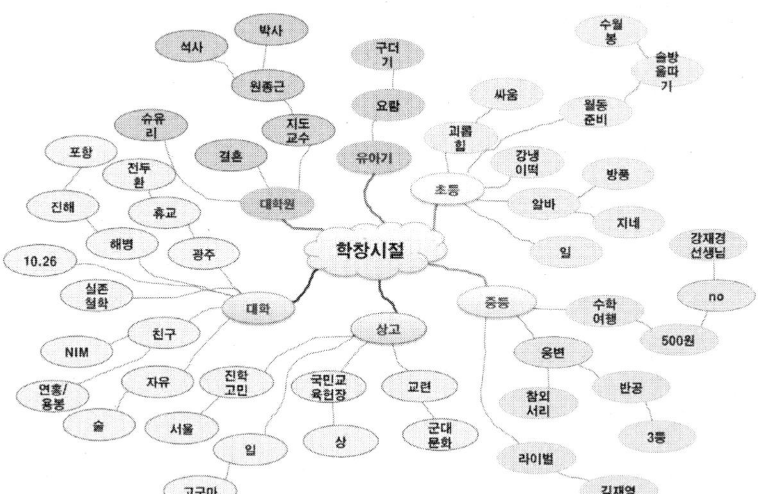

위의 그림은 유아기~대학원(박사)까지 학업에 얽인 여러 상황과 사건들로 마인드맵이 구성되었다. 선(線)과 선(線)을 따라 기억과 생각들이 꼬리에 꼬리를 물고 확장하고 있다. 선을 따라 보이지는 않지만 각종 에피소드들이 얽혀져 있다. 좀 과장된 얘기로 들릴지 모르겠지만, 5~6개(고향, 가족, 학창시절, 군대경험, 지장, 연애, 결혼 등)의 마인드맵을 그리는 것만으로도 자기 역사 쓰기를 위한 바탕은 마련된 것이라고 할 수 있다.

마인드맵을 그릴 때 참고할 사항이 있다. 위의 그림에서 보듯이 각각의 타원 안에는 명사형으로 된 하나의 단어로 채워야 한다. 설명을 하려고 하지 말고, 떠오르는 생각을 하나의 단어(되도록 명사)로 정리하도록 하라. 설명하려고 하는 순간, 연상효과가 사라진다는 사실을 명심할 일이다.

07

관찰의 힘

글을 잘 쓰는 사람의 특징 중 하나, 들여다보는(見) 힘이 강하다. 관찰력이다. 대다수의 사람들은 사물이나 현상을 건성건성 보는 것이 습관화되어 있다. 따라서 묘사가 디테일하지 못하다. 그런 사람들이 쓴 글의 특징은 한마디로 두루뭉술하다. 본(見) 것이 없으니, 쓸 것도 별로 없다. 결과적으로 글이 짧게 끝나고, 추상적인 말만 잔뜩 늘어놓는다.

오래된 이름이라 기억이 잘 안 나지만 관찰의 중요성에 대해 강의를 들은 적이 있다. 우리나라 유명 사진작가의 얘기다. 그가 일본인 스승으로부터 사진기술을 배울 적 얘기다. 계란 한 알을 주면서 1년 동안을 찍으란다.

"세상에, 도대체 이 밋밋한 피사체에 찍을 게 뭐가 있다고!"

속으로 불평이 일었지만 365일을 참고, 또 참았다. 계속 찍다 보니 스승의 뜻을 이해하는 순간이 왔다는 것이다. 즉, 보는 눈이 뜨였다는 거다.

대추 한 알은 어떤가? 가을 대추를 보면 누구는 삼계탕을 떠올릴지 모르지만 시인 장석주는 그걸 다른 시각으로 봤다. 그래서 나온 시(詩)가 〈대추 한 알〉이다.

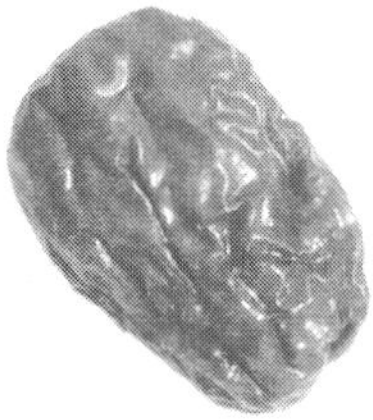

저게 저절로 붉어 질리는 없다
저 안에 태풍 몇 개
저 안에 천둥 몇 개
저 안에 벼락 몇 개
저 안에 번개 몇 개가 들어 있어서
붉게 익히는 것일 게다

저게 혼자서 둥글어질리는 없다
저 안에 무서리 내리는 몇 밤
저 안에 땡볕 두어 달
저 안에 초승달 몇 날이 들어서서
둥글게 만드는 것일 게다

대추야
너는 세상과 통하였구나

세상에 태어나 풍파가 없는 사람이 있을까. 수 없이 넘어지고 깨어지고 부대끼며 사는 중에 때로는 절망이요, 때로는 좌절이다. 느닷없이 태풍이, 예고 없이 천둥과 번개가 수 없이 내리치는 게 인생이다. 그러면서 내 안의 모난 것들이 둥글어지고 순응하며 굴러가는 게 우리네 삶이 아니던가. 시인 장석주 는 익어 붉어진 대추 한 알 속에서 세상의 그런 모습들을 통찰하지 않았을까.

시(視)와 견(見)은 둘 다 '본다' 라는 뜻을 가진 한자어이다. 그러나 속뜻은 전혀 다르다. 시(視)는 눈으로 보는 것이요, 견(見)은 머리로 마음으로 가슴으로 보는 것을 의미한다. 우리는 TV를 시청(視聽)하지, 견청(見聽)하지 않는다. 그래서 TV를 오래 보면 머리가 멍해지는 게 아닌가 싶다. 덩달아, 생각하는 힘이 약해진다.

필자는 자기 역사 쓰기를 하면서 김훈 작가를 흠모했다. 어떻게 하면 내 글 속에 김훈 작가의 입김이 서리게 할까에 대해 골몰했다. 그 열망은 지금도 진행형이다. 덕분에 그의 작품을 십여 권 사들여 읽었다. 가장 최근 작품이 『하얼빈』이다. 『칼의 노래』와 『남한산성』은 두 번 이상을 읽었다. 그의 글을 읽을 때마다 탄성이 커진다. 탄성이 클수록 내 한숨의 골 또한 깊어진다. 그는 과연 관찰대장이다. 결례를 무릅쓰고 그의 작품 『라면을 끓이며』의 한 대목을 여기에 실어본다.

> 라면이나 짜장면은 장복을 하게 되면 인이 박인다.
>
> (중략)
>
> 라면은 규격화되어서 대량 소비되는 음식이다. 라면의 인 속에는 수많은 남들이 나와 똑같이 이 미끈거리는 밀가루 가락을 빨아들이고 있으리라는 익명성의 안도감도 작용하고 있을 성싶다. 이래저래 인은 골수처럼 뼛속에 사무친다.
>
> 라면이 처음 나온 것은 1963년이었다. 쌀값이 얼마라는 기사는 일기예보나 증권시세처럼 연일 신문에 대서특필되었다. 춘궁기에는 200만 명 이상이 굶주렸다. '기아퇴치' 또는 '절량농가근절'이라는 국정지표를 써 붙인 현수막이 관공서 건물마다 걸려

있었고, 박정희 소장은 기자회견에서 "나는 국민을 굶기지는 않겠다"며 울먹였다. 이 배고픈 시절에 나타난 라면의 맛은 경이로운 행복감을 싼값으로 대량 공급했다. 그 맛의 놀라움은 장님의 눈뜸과도 같았고, '불의 발견'과 맞먹을 만했다.

실제로 라면을 먹으면서 김훈 작가처럼 관찰과 분석을 곁들이며 먹는 사람이 있을까 싶다. 옆에 같이 먹는 사람이 있다면 라면 맛 떨어지는 소리 하지 말라고 타박할 것이다.

또 하나, 그가 쓴 『자전거 여행1』의 내용을 덮고 갈 수가 없다. 몇 줄 소개해 보겠다.

김포평야의 농부들은 김포 쌀을 '금쌀'이라는 브랜드로 부른다. 금쌀로 밥을 지으면 차지고 윤기가 흐른다. 차지다는 말은 밥알의 응집력이 좋다는 말이다. 그러나 차지다고 해서 밥알이 뒤엉키고 들러붙어서는 금쌀이 아니다. 금쌀로 지은 밥은 차지면서도 밥을 씹을 때 입안에서 밥알이 한 알씩 따로 씹힌다. 한 알의 개별성 속에 찰기가 살아 있고, 응집성이 개별성을 훼손하지 않는다. 금쌀은 밥알의 응집성과 개별성의 조화이며, 미각과 촉각의 종합이다. 이것은 깊어서 편안한 매혹이며, 발랄한 낱알들의 축제이다. 놀라운 밥인 것이다.

관찰에 기초한 그의 디테일한 표현에 그저 놀라울 뿐이다. 이제 관찰 방법에 대해 얘기할 차례다. 관찰이 쉬운 것 같지만 막상 관찰에 돌입하면 쉽지 않다는 생각에 좌절한다. 그렇다고 지레 겁먹을 이유도 없다. 어떤 일도 익숙해지면 편하니까.

제1단계 보이는 그대로 쓴다

들여다 보기의 첫 번째 단계는 사물을 겉으로 보이는 대로, 오감(시각, 청각, 후각, 미각, 촉각)을 이용하여 사물을 관찰하는 것이다. 고구마를 가지고 들여다보기를 해보기로 하자.

- 겉 표면이 진분홍이다.
- 수염이 달렸다.
- 모양이 타원형이다.
- 울퉁불퉁하다.
- 숨구멍 같은 것이 있다.
- 상처를 내면 하얀 진물이 나오고, 마르면 까만색으로 변한다.
- 고구마를 찌면 맛과 색깔이 변한다.
- 식은 고구마가 맛있다.

제2단계 느낌을 쓴다

이번에는 1단계에서 적은 것들에 대해 느낌을 적어본다.

- 까만 진물은 잘 닦이지 않고, 피부를 거칠게 한다.
- 우리 엄마는 고구마를 무척 좋아하셨다.
- 나도 이제는 고구마를 좋아한다.
- 나는 밤고구마 보다는 물고구마나 호박고구마를 더 좋아한다.
- 시골에 있을 때 우리 집의 주 수입원은 고구마였다.
- 고구마 농사는 우리를 힘들게 했다.

▌제3단계▐ 분석한 사실을 쓴다

분석의 가장 좋은 방법은 해체다. 자르고 쪼개고 헤집어보는 것이다. 더 세밀하게 분석하려면 망원경이 현미경으로 들여다보는 것이다. 분석해 보면 종류, 재질, 용도, 형태, 성분(영양, 칼로리 등), 맛, 향기, 역사, 생산지 등을 알 수 있다. 분석을 바탕으로 한 글쓰기가 깊이가 있는 것은 다 이유가 있다.

- 원산지는 중앙아메리카의 유카탄반도와 남미 베네수엘라 오리노코강 하구 지역으로 추정
- 우리나라는 1763년 일본에 조선통신사로 갔던 쓰시마에서 최초로 구황작물로 들여 왔음
- 종류는 물고구마, 밤고구마, 자색고구마, 호박고구마 등이 있음
- 고구마의 효능은 피부미용, 항암, 면역력 강화, 소화기능 강화, 다이어트, 심혈관질환 개선 등
- 주성분으로는 수분, 탄수화물, 단백질임. 알칼리성 식품으로 칼륨, 칼슘, 비타민A, B1, B2 등이 함유되어 있음

▌제4단계▐ 주관적 관점에서 평가 및 비판한 것을 쓴다.

지금까지 살아오는 동안 고구마에 대해 알고 있는 지식과 경험이 많을수록 나름대로 평가하거나 비판할 부분이 당연히 있을 것이다. 네 번째 단계에서는 그것들을 주관적인 시각에서 적어 본다. '나는 고구마를 김치와 함께 먹으면 고구마 본래의 맛이 사라지기 때문에 김치와 곁들여 먹지 않는다.' 라든가 '고구마를 먹으면 속이 답답하고 쓰렸다.' '그가 생각하고 말하고 행동하는 것을 보면 고구

마 같다.' 등의 경험을 쓰는 것이다.

▌제5단계▐ 사물(사건)을 통하여 나를 반추해 본다

나는 이것을 사건이나 사물을 해석하는 작업이라고 생각한다. 사건이나 사물에 나를 대입시켜 보는 것이다. 거기에는 반성, 회한, 그리고 교훈이 있을 수 있다.

어린 시절 고구마는 매년 나를 힘들게 했다. 5월부터 시작하여 12월까지 파종 · 수확 · 공판에 이르기까지 고구마와의 싸움은 벗어나고 싶은 일련의 고된 노동의 과정이었다. 고구마가 우리에게 소중한 소득원이긴 했지만 어린 나이에는 그것이 만끽해야 할 놀이 시간을 빼앗는 주범으로 밖에 보이지 않았다. 그러나 그런 과정들이 결국은 오늘날 내 안에 절제와 인내가 자연스럽게 자리를 잡는 계기가 되었음을 깨닫는다.

▌제6단계▐ 새로운 발상에 대해 쓴다

장석주 시인은 빨갛게 익은 대추 한 알 속에서 밥벌이란 이유로 때로는 비루하고, 초라한 모습으로 살아갈 수밖에 없는 인간세상의 풍상(風霜) 속에서 결국은 다듬어지고 성숙해가는 한 인간의 삶의 과정을 보지 않았을까.

이건 분명 다른 사람이 보기 어려운 발상이요, 없었던 세계를 창조하는 작가의 번득임의 결과이다. 이는 마치 새 알을 보면서 날개를 펄떡이는 새를 그리는, 르네마그리뜨(1898~1967)의 통찰력에 감탄하는 것과 동급이다.

〈르네마그리트의 「투시」〉

어쩌면 모든 사람은 새 알 같은 존재이다. 안에 들어 있는 것이 무엇인지는 모르지만 꺼내는 노력을 어떻게 하는냐에 따라 그 사람의 가치가 달라지는 게 아닐까 싶다. 중요한 것은 각자 속에 내재되어 있는 꿈틀거리는 그 생명력의 실체를 보는 능력이다. 그걸 보고 표현해 내는 것이 관찰의 마지막 단계이다.

다음 글은 필자의 자기 역사 쓰기 『미완의 시간여행』에 실린 내용으로써 고구마를 관찰한 결과를 가지고, 엄마와 고구마에 대한 추억을 담은 글이다.

나는 때로 아버지 보다는 엄마의 체취를 더 그리워한다. 엄마의 몸에는 늘 고구마 냄새가 배어 있다. 봄부터 늦가을까지 엄마는 종일 고구마와 함께 지냈다. 보리를 벤 자리에 줄기를 꾹꾹 눌러 심고, 7·8월 내리꽂는 뙤약볕을 온 몸에 받으며 김을 매고,

내려앉은 흙을 올린다. 마치 시지푸스의 바위처럼 비바람으로 고랑에 흘러내린 흙을 계속 올려야만 한다. 그래야 고구마가 자랄 둥지가 만들어지기 때문이다.

가을이 되어 잎사귀가 마르기 시작하면 엄마는 또 고구마와 함께 살아야 한다. 줄기를 걷고, 쟁기가 지나간 자리에 벌겋게 드러난 고구마를 한 곳에 모으고, 그놈들을 넙적하게 썰어 널고…. 고구마를 캐낸 그 자리(흙) 위에 펼쳐 말리는 고구마에 가을비라도 내리치는 날이면 엄마는 잠을 이루지 못한다. 빼때기 값이 똥값이 되어 당신의 새끼들이 월사금을 낼 일이 막막해지기 때문이다. 그래서 먹구름에 쌓인 하늘을 바라볼 때면 엄마의 가슴은 숯덩이가 되고, 얼굴은 가마솥 뚜껑이 된다.

엄마에게는 장갑이 없다. 엄마의 손바닥과 손등에 묻은 고구마의 하얀 진물은 검정색이 되어 눌어붙는다. 그 위에 또 하얀 진물, 그 해 겨울이 될 때까지 엄마의 손은 늘 검고 거칠었다.

긴긴 겨울밤이 지나고 새벽이 되어 배가 출출해지면 우리는 누워서 엄마가 다듬어 던져주는, 어제 저녁 먹다 남은 삶은 고구마를 받아먹는다. 가끔은 던져지는 고구마에 눈탱이를 맞기도 한다. 우리는 엄마를 닮아 고구마를 좋아했다. 우리에게 고구마는 주식이요, 간식이다. 그 녀석들은 93년간 엄마에게 백신 역할을 했다. 땀 냄새와 어우러진 고구마 냄새에서 우리는 엄마의 사랑을 느꼈다. 그런 엄마, 지금 우리 곁에 없다. 이제는 하늘의 별이 된 엄마. 내 눈 속 눈물 되어 흐르네.

04

무엇을 쓸까?

• • •

; 자기 역사 쓰기 소재찾기

01

지지고 볶고, 가족 이야기

자기 역사 쓰기 분야에 매력을 느껴 관련 서적들을 사 모으기 시작하였고, 그것들을 읽는 일에 많은 시간을 할애하고 있다. 그러는 중에 어느 때부터인가 내 인생의 새로운 목표가 하나 추가되었다.

"우리나라에서 자서전 유(類)의 도서를 가장 많이 보유하고, 읽는 사람이 되는 것"

덕분에 이 대목을 쓰는 시간을 기준으로 대략 100여 권의 책을 모았고, 20여 권을 읽은 것을 확인하였다. 지금의 속도를 계속 유지한다면 아마도 1년 후에는 내가 세운 목표가 달성될 것으로 확신한다.

그건 그렇고, 자서전 유의 책을 읽고 분석해 보니 거의 예외 없이 탄생 및 성장 배경, 가족, 그리고 고향에 관한 이야기를 다루고 있었다. 아마도 그런 요소들이 자신의 인생에 미치는 영향이 그만큼 컸다는 것을 반증한다는 의미가 아닐까 싶다. 전개하는 방식이야 쓰는 이에 따라 약간씩 다르지만 말이다.

먼저 가족에 관하여 무엇을 쓸 것인가에 대해 생각해 보려고 한다. '가족' 하면 떠오르는 게 있다. 바로 가계도(家系圖)이다. 가계도란, 나를 중심으로 그린 가족의 계통도라고 할 수 있다. 가계도를 그려 놓고 보면, 신기하게도 무엇을 쓸 것인가에 대한 생각이 하나씩 떠오르기 시작한다.

▌가계도_예▐

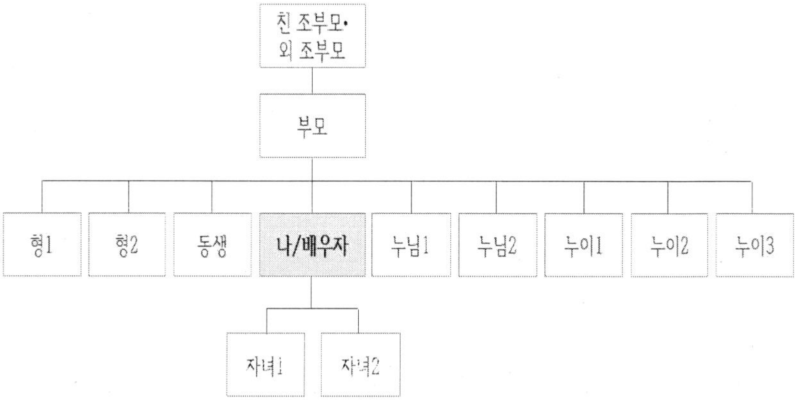

위의 가계도는 HY씨의 가족관계를 자신과 배우자를 중심으로 하여 위로는 조부모에서부터 자녀까지를 그려 본 것이다. 자세하게 그리려면 복잡해져서 이런 방식으로는 그리기가 어려우니 적당한 선에서 마무리하는 게 좋다. 경험적으로 얘기하자면, 나와의 영향 관계가 미미한 친인척들까지 가계도에 포함시키는 것은 결코 바람직한 방법일 수 없다는 것이 필자의 의견이다. 특별히, 나의 자녀들에게 친가와 외가의 친인척들을 알려야겠다고 생각한다면 별도의 표로 만들어 남겨주면 될 일이다.

이제부터는 글 쓰는 이와의 영향 관계를 사례 중심으로 하나씩 언급해 볼 것이다.

친조부모에 대한 회상 1

내가 주변 친척 일가를 조금씩이나마 인식하게 된 나이가 되었을 즈음, 할아버지는 보이지 않았다. 대신, 별로 손자들에게 자애롭지 않은 할머니가 우리 곁에 계셨다. 할아버지 직업은 목수였다고 한다. 아버지가 그 피를 물려받으셨는지 제법 섬세한 면이 있으셨다. 만드신 목재품들이 비교적 정교했다는 느낌이다. 우리 형제들의 피에 섬세한 부분이 엿보이는 것은 분명 할아버지의 영향일 거라고 짐작케 하는 대목이다.

할머니는 매우 깔끔하신 분이셨는데, 그래서 그런지 좀 까칠한 성품을 지니셨다. 할머니께서는 우리 동네 후미진 곳의 독립가옥에 살고 계셨는데 어쩌다 한 번씩 가서 보면 모든 면에서 흐트러짐이 없었으며, 정갈했다. 지나치게 깔끔해서 그러셨을까, 손자들에게 잔정을 주신 적이 거의 없었다. 그때는 몰랐었는데, 지금 회고해 보면 천성적으로 그런 분이었던 같다. 지금 나에게 있어 할머니는 결코 좋은 여인으로 남아 있지 않다. 아쉽다. 할머니는 1983년도 내가 첫 직장(은행)을 그만두고, 대학원 준비하면서 수유리에서 자취할 시기(겨울)에 돌아가셨다. 당시의 내 형편상 움직일 수 없기도 했지만, 장례식에 참여하지 못한 것이 그렇게 아쉽지도 않았다.

위의 사례는 HY씨가 친할머니에 대해 평소에 느꼈던 것들을 회상하며 쓴 글이다. 세상의 할머니들이 손자들을 끔찍하게 아끼고 사랑하는 게 일반적인데, 필자의 경우는 손자들에게 사랑을 주시지 않았던 할머니에 대해 그때는 느끼지 못했던 서운한 감정을 이제야 토로

하고 있다.

자신의 부모를 일찍 여의었음에도 불구하고 할머니의 보살핌에 힘입어 어엿하게 사회적으로 성공한 인물들을 가끔 만난다. 회복탄력성(resilience) 이론에 의하면 아무리 불행한 상황에 처했어도 의지하고, 자신을 지지해 줄 수 있는 누군가가 있을 때 그 국면을 극복하는 힘을 얻게 된다는 것이다. 그 사람이 엄마였든 아빠였든 혹은 할머니, 할아버지, 삼촌, 이모든간에 그 아이를 가까이서 지켜봐 주고 무조건적인 사랑을 베풀어서 아이가 언제든 기댈 언덕이 되어주었던 사람이 적어도 한 사람은 있었던 것이다.[16] 그 당시에는 몰랐지만 필자는 할머니의 격려와 사랑이 그리웠던 게 분명해 보인다.

특별히 할아버지에 대해 언급한 부분이 이채롭다. 글쓴이는 아마 디테일한 성품을 지닌 것 같은데, 그 영향이 할아버지로부터 비롯된 것이라고 생각하는 것 같다.

친조부모에 대한 회상 2

야소교(耶蘇敎) 매서인(賣書人)들로부터 기독교를 전도 받던 시기에 조부님은 호주에서 온 의료 선교사 커, 1902년 5월 19일 부산에 파송된 선교사)과 호주 선교사 엥겔 및 조사(助事) 정덕생(鄭德生) 등과 접촉하여 전도를 받았다.

일찍이 증조부님은 한학에 능하셨고 술 잘 드시고 시를 잘 읊

16) 김주환, 회복탄력성, 위즈덤하우스, P.54

어, 그 옛날 서울에 내왕하시며 조(趙)모 이조판서를 친구로 사귀신 분이셨다.

하지만 집안 살림은 안 돌보시고 바깥에 나가 남의 일만 돌보시고 지내시다가, 나라의 국세가 기울고 왜국이 침략을 보고서 깨달은 바 있어서 처음에는 서양 문명을 받아들여 일본 세력을 견제하려는 애국심에서 야소교를 받아들이셨다.

그리하여 상투를 자르고 흰 두루마리는 벗어 버리고 검은 두루마기를 입고 중절모를 쓰시고 금주·금연 절제운동을 하고, 일찍이 개명(開明)하신 분이시다.

(중략)

김동구 증조부의 후손은 지금까지 6대까지 내려왔는데, 전국에 흩어져 사는 120여 명의 자손 모두가 크리스천으로 축복받는 가정을 이루고 있다.

이 글을 쓴 IS씨는 증조부(김동구)로 인하여 가문 전체가 크리스천으로 살아가는 것이 큰 축복임을 고백하고 있다. 6대에 걸쳐서 믿음의 명문가를 이루고 있다는 것은 커다란 구원의 역사라고 평가할만하다. 구한말 시기(1902년)였던 당시의 분위기로 미루어 그리스천이 되는 길이 그리 녹록치 않았음에도 불구하고 믿음을 받아들였다는 것은 대단한 결단이요, 모험이었을 것이리라. 오늘날 그리스도교(기독교)가 우리나라에 도입될 초기에는 야소교(耶蘇敎)로 불렀다는 것이 흥미롭다. 증조부(김동구)는 매서인(賣書人)[17]으로부터 전도를 받아들였으니 성경적으로 본다면 믿음의 조상 아브라함의 역할을 한 셈이다. 그리

17) 여기저기 돌아다니면서 전도하고 성경책을 팔던 사람

스천이 된 후 증조부는 완전히 다른 삶을 살았던 것으로 보인다. 애국심이 싹텄고, 좋아하던 술을 끊었으며, 금주·금연운동을 하는 등 의식과 행동혁신에 앞장서는 선한 리더십이 돋보인다.

부모님에 대한 회상 1

아버지는 1925년생으로 20대부터 면서기로 일하셨다. 후일 면장으로 고향에서 봉사하였는데, 성격이 활달하시고 목소리도 커서 멀리서도 한눈에 아버지를 알아볼 수 있을 정도였다고 한다.

우리 동네는 물론 주변 마을 사람들의 애로나 문제들을 조언하고 해결해주는 일로 늘 바빴다. 한마디로 리더십이 있는 분이셨다.

해방되는 1945년 8월에는 일본의 태평양 전쟁 시기에 징집되어 진해에서 훈련받는 도중에 해방을 맞이했다. 아버지의 초등학교 동기 20여 명 중 대부분은 먼저 전쟁터에 투입되었는데, 거의 돌아오지 못하였다고 한다.

어머니는 경북 성주에서 태어나시고 부산 초량에서 살다가 황철도 목사님의 중매로 아버지와 결혼하였는데, 조용한 성품에 워낙 말이 없으셔서, 우리 형제들은 어머니로부터 크게 야단맞은 기억이 없다. 항상 밭에서 김을 매거나 농사일하는 모습만 떠오른다.

아버지에 대해서는 쓸 얘기가 많을 것 같은 데 막상 쓰려면 쓸 게 별로 없는 것은 나에게만 해당하는 것은 아닌가 보다. 이 글을 쓴 IS

씨 역시 아버지에 대해 기록한 분량이 한 페이지를 못 넘겼다. 그 이유는 쓸 소재가 그렇게 많지 않았거나, 아니면 어버지에 대해 기록하는 방법이 여의치 않았거나 둘 중 하나일 것이다. 더구나 어머니에 대해서도 네 줄 반이 전부이다. 좀 아쉬운 대목이다.

어쨌든 IS씨의 아버지에 대한 회상은 면(面)에서 공직생활을 했다는 것, 그리고 주위 사람들의 어려움을 해결하려고 애썼던 모습, 성격이 활발하고 목소리가 컸던 것 등이다. 특별히 눈에 띄는 대목은 태평양 전쟁에 투입될 인력으로 훈련을 받던 중 해방을 맞이했다는 부분이다. 이에 대비되는 문장 하나가 이 글을 읽는 이들에게 안타까움을 전해준다.
'아버지의 초등학교 동기들 거의 대부분이 전쟁터에서 목숨을 잃었다는 것'

부모님에 대한 회상 2

홍천을 지나 삼마치 고개를 넘는 밤중, 갑자기 미군 초병들과 미군들은 피난 일행을 불러 세웠다. 게릴라들로 의심할만한 상황에 직면하였다. 미군 병사가 총구로 보따리를 내려놓으라는 동작을 취했다. 미국말을 알 길이 없는 아버지는 피난 보따리 한 개를 산 아래로 굴렸다. 그 순간, '탕!' 하는 소리와 함께 M1 탄환 한 발이 아버지 정강이를 뚫고 지나갔다. 아픔보다 먼저, 선혈이 파편처럼 사방에 튀었다. 아버지는 들것에 실려 여주 신륵사 근처 난민수용소로 갔다.

위의 내용은 YG씨가 한국전쟁의 한복판에서 이승과 저승의 경계를 곡예 하듯 넘겼던 아버지에 대한 안타깝고 아픈 기억을 회상하며, 쓰라린 마음을 부여잡고 쓴 글이다. 필자가 많은 부분을 생략하고 정리하였다. 그의 글은 계속 이어진다.

> 6·25 세대의 삶은 참혹하다. 모든 전쟁은 포악하다. 부모·형제를 죽이고, 건강을 앗아가며, 그동안 모아둔 물질적 삶의 토대를 모두 싹쓸이한다. 그리고 뒤로 남겨지는 시간의 꼬리가 아무리 길어도 상처는 아물지 않은 채 진물로 얼룩지게 만든다.

YG씨는 철저하게 반전주의자다. 그래서 현재 한반도에서 이루어지는 미국과의 합동군사훈련에 큰 거부감을 갖고 있다. 사실이지 전쟁을 좋아할 사람이 어디 있을까. 한쪽이 전쟁을 두려워한다면 전쟁이 없어질까? 오히려 그 반대가 아닐까? 폭력을 두려워하면 폭력 앞에 굴복하게 되어, 종노릇하며 살아야 하는 이치와 뭐가 다를까. 힘이 없는 평화는 위장된 일시적인 고요함일 뿐일 테니까.

부모님에 대한 회상 3

> 아버지가 강원도에서 군 생활을 하시게 되어 우리 가족은 강원도 인제군 서화면 천도리 6번지의 3 을지 관사로 이사했다. 어느새 우리 가족은 1남 3녀가 되었다.
>
> 인제는 추억이 참 많은 곳이다. 3살쯤의 이야기다. 소양강 상류 인북천이 흐르는 강둑에 한 아이가 세발자전거를 타고 있다. 그때 강가에서 어린 아기를 등에 업고 빨래하던 여인이 크게 외

친다.

"○○아, 가만히 있어라!"

그 소리가 떨어지기 무섭게 아이는 강둑에서 굴러떨어진다. 첫 번째 상처는 이렇게 생겼다. 강둑 위에서 떨어진 나는 왼쪽 팔꿈치가 골절되었다. 급히 원통에 있는 병원에서 팔을 치료했지만, 나중에 깁스를 풀어보니 왼쪽 팔이 굽는 후유증이 생겼다. 어린 시절 굽은 팔을 감추기 위해 조금 큰 옷을 입었던 기억이 난다.

위의 글은 JH씨가 어린 시절 겪은 내용이다. 부친은 전방(인제)에서 근무했던 직업군인이었던 것 같다. 그리고 어린 시절 천방지축 자전거를 타고 다니다가 강둑에서 구르면서 팔을 다쳤다. 대부분의 남자 아이들이 어렸을 때 겪음직한 사건을 생생하게 기록한 것이 인상적이다. 그때 입은 그 상처는 아마 죽을 때까지 '인제' 를 떠올리게 하는 징표로 남을 것이다. 그리고 즐거운 추억처럼 자신의 자녀에게 전할 것이다. 그의 이야기는 계속된다.

아버지는 새 양복에 새 구두를 사 신고 처음으로 동네 뒷편 운교동 성당에 가셨다. 그곳에 뚱뚱한 서양 신부님이 계셨다. 그날 누군가 아버지의 새 구두가 탐이 났을까? 아버지는 양복에 슬리퍼를 신고 돌아오셨다. 그 뒤로 아버지는 성당에 가지 않으셨다.

교회에 대한 원망이 물자가 귀하던 시절, 종종 그런 일이 발생했다. 도대체 누가 아버지의 새 구두를 신고 갔을까? 누군가에게 한없는 야속함을 묻고 긴 세월을 살았을 것이다. 안타깝게도 그 사건 이후로 그의 부친은 성당에 나가길 중단했다. 이런 유의 일로 인하여 평생을 예수 믿는 자에 대해 깊은 편견을 가지고 사는 사람들을 가끔 만난다. 지금은 남이 신던 신발을 가지고 가라고 해도 가져갈 사람이 없는 시대다.

형제에 대한 회상 1

큰 형님.

기억하고 싶지 않은 이름, 왜 그에게는 사랑이 남아 있지 않았을까? 기억하기로, 그는 늘 분노에 차 있었다. 건드리면 언제 폭발할지 모르는 양은 그릇 속에 장치된 화약 같은 존재라고 해야 할까. 그의 속에 있는 무엇이, 사랑스러워야 할 동생들에게 폭력을 휘두르게 했을까. 내가 대학생이 된 뒤에도 그는 나를 때렸다. 아직 나는 그 상처와 작별하지 못하고 있다. 징그러운 아픔이다.

우리네의 관습으로 '큰' 자가 들어가면 바람막이 같고, 산과 같으며, 희생과 솔선의 표상으로 다가오지만 그에게서는 그런 기상을 발견하지 못하겠다.

일반적으로 큰형님이란 존재는 아버지를 대신하는, 산 같은 존재로서 너그러우며 책임감이 강한 것으로 알고 있다. 그런데 HY씨에게 큰형님은 부정적인 인상으로 남아 있는 듯하다. 심지어 이 글을 쓴 HY씨가 대학생이 된 이후에도 폭력을 행사했다는 데 대해 지울 수 없는 트라우마가 생긴 것으로 쓰고 있다.

그는 광복을 한 해 앞두고 세상을 보았고, 2011년의 마지막 날(67세)에 눈을 감았다. 단명이다. 아쉽게도 그분과의 아름다운 추억은 별로 남은 게 없다.

그는 어떤 일을 시작하건 착근되기 전에 거길 떠나는 것이 습관처럼 배어 있다. 그의 입술의 말은 늘 공허하고, 허공을 치는 삶을 살다 부모 형제들과 이별을 했다. '공허하고, 허공을 치는' 생활은 필연 주변을 멍들게 하는 삶이 되고야 만다.

(중략)

언제부터인가 형제들은 그의 느닷없는 출현을 부담스러워 했다. 그는 잊을만 하면 돈을 빌려 가곤 하였는데, 빌려 갈 때는 언제나 똑같은 멘트로 상대의 기대를 부풀린다.

(중략)

그를 통해 배운 게 하나 있다.

"이번 일만 잘되면" 이라는 말을 절대로 믿지 않게 된 것. 그 대신에, 이 순간의 커피 한 잔, 아니면 점심 한 끼를 더 높게 평가한다.

그는 마침내 요양원에서 몇 년을 지내다 세상을 하직하였다. 공교롭게도 나는 그때 움직일 수 없을 정도로 앓고 있었다. 마지막 작별 인사라도 하고 싶었으나 그것마저 여의치 않았다. 언젠가는 마음으로 화해의 날을 기대한다.

글쓴이의 안타까운 마음이 행간마다 알알이 박혀있다. 큰형님에 대한 원망이 가득하지만, 그럼도 불구하고 먼저 가신 것에 대한 야속함, 아쉬움, 그리움 등이 함께 교차하고 있다.

큰형님의 평소 삶의 행태에 대해 실망이 큰 것 같다. 무엇을 하든 성과가 날 때까지 진득하게 몰입하지 못하는 것, 행동보다 말이 훨씬 앞서는 것, 지킬 수 없는 약속을 밥 먹듯 하는 것 등등. 결국은 젊은 나이임에도 요양원에서 쓸쓸하게 보내다가 세상을 떠난 모습에서 인간의 허무를 느낀다.

글쓴이는 인간관계에서 큰형님으로부터 반면교사를 삼고 있는 것이 한 가지 있다면, '공허한 말'을 하지 않는 것!

02

고향에 얽힌 추억과 사연

가족 관련 이야기에 이어, 자기 역사 쓰기에서 빠질 수 없는 주제는 바로 '고향' 이다. 고향이란, 우리 모두의 삶에 있어 뿌리 역할을 한다. 거기에서 우리는 사회적 관계를 배우고, 자연과 함께하는 법을 배운다. 그때 거기에서 학습한 것들을 내면에 간직한 채 우리는 평생을 살아간다. 한 사람의 정체성이 형성되는 데 가장 크게 영향을 미치는 요인이 바로 고향이 아닐까 싶다.

거기에서 우리는 할머니, 할아버지, 아버지, 어머니를 통하여 내리사랑을 체험하고, 형제들과의 갈등과 부대낌이 있고, 초등학교 · 중학교 동료들과의 학업 경쟁이 있다. 무엇보다도 꼬맹이들끼리의 코피 터지는 서열 다툼의 통과의례가 있다. 때로는 위험이 무엇인지 모르고 아랑곳하지 않고 천방지축 날뛰는 도중에 이승과 저승의 아슬아슬한 경계를 넘나들기도 한다. 인생의 첫 에피소드가 생산되는 곳이 바로 그곳, 고향이다. 나 역시 태어나서 고등학교 졸업 때까지 고향에서 지냈는데, 생각해 보면 많은 에피소드들이 그때 만들어졌다.

그곳은 신화가 묻혀있는 곳이기도 하며, 어떤 곳은 특정 제품(농수산물 등)으로 유명한 지역으로 사람들 사이에 회자되기도 한다. 그러고 보니, 누구든 고향에 대해서는 쓸거리가 많을 것이다.

고향에 대한 회상 1

제주도 북제주군 한경면 고산리 2160번지.

내가 세상과 마주한 곳이다. 사람들은 그곳을 앞빌레왓이라고 불렀다. '빌레'란 넓고 평평한 바위(=너럭바위)라는 뜻이고, '왓'은 지역 혹은 장소라는 뜻이니, 넓고 평평한 바위로 형성된 동네라고 이해하면 되겠다. 빌레 앞에 '앞'자는 왜 붙였는지 모르겠다. 실제로 우리 동네는 커다랗고 넓은 바위 위에 형성된 마을이다. 그래서 지반이 매우 튼튼하며, 다른 동네보다 약간 높다. 그곳에서 나는 대학입학 전까지 거의 20년을 살았다.

글쓴이 HY씨의 고향은 제주도에서도 서쪽 외진 마을인데, 제주시에서 서쪽으로 약 40여 km 떨어진 곳이다. 원래 제주도의 지형적 특성은 돌이 많은 것인데, 특별히 글쓴이의 고향은 바위 위에 형성된 독특한 마을인 것 같다. 대학 입학 전까지 거기 살았으니, 대략 20년 정도는 머물렀다고 할 수 있겠다. 그는 계속해서 자신의 고향집에서 겪었던 일들을 재미있게 묘사하고 있다. 제주도의 화장실 문화는 다른 곳에서는 유래를 찾기 어려울 정도로 독특하다.

제주에는 독특한 화장실 문화가 있었다. 화장실(변소)는 제주도 말로 '통지'다. '통지'에는 예외없이 돼지를 키운다. 돼지먹이로 음식 잔반이나 사료를 간혹 먹이기도 하지만, 많은 부분 사람 똥이 주식이다. 그래서 그 옛날 제주 돼지는 대부분 '똥돼지'(사람 똥을 먹여 키우는 돼지)다. 우리 집 역시 똥돼지를 키웠다. 지금 시점에서 보면 더럽기 그지없지만 그당시에는 지극히 정상적인 모습인 것을 어쩌랴! 사람이 대변을 보기 위해 통지에 가는 것을 돼지는 기가 막히게 눈치를 잘 챈다. 누군가 변기 위에 앉을라치면 재빨리 밑에서 입을 벌리고 똥을 받아먹을 준비를 한다. 간혹 설사라도 하는 날에는(식품위생이 시원치 않아 설사가 잦았음) 정말로 대략 난감이다. 머리나 귀 위에 물찌똥이 묻게 되면 그 녀석은 머리를 세차게 흔들어 똥을 털어낸다. 생각만 해도 끔찍한 광경이다. 그런 날은 그야말로 재수에 똥 묻은 날이 된다.

"에이 씨, 이게 뭐야! ㅌㅌㅌ"

이제는 거의 사라진 제주도의 재래식 화장실 풍경을 리얼하게 묘사하고 있다. 지금 정육점에서 팔고 있는 돼지고기를 통돼지라고 하지만 정확한 명칭은 똥돼지다. 그런데 희한하게도 똥을 먹여 키운 돼지고기의 맛은 사료를 먹인 백돼지 고기 맛에 비할 바가 안 될 정도로 맛있다. 우선 비계가 적으며, 고기의 탄력이 달라 쫄깃함이 뛰어나다.

고향에 대한 회상 2

진버들 동리는 40여 가구가 신작로를 따라 길게 형성된 경주 김씨 집성촌으로 두 세 가구에 불과했다.
4백여 년 전에 선조가 충청 예산 지방에서 임진왜란 때 피난와서 정착했다고 하는데 15대 선조의 산소부터 이곳에 있는 것으로 보아 그 신빙성을 더한다.
진버들은 작은 마을인데도 초등학교가 있었다. 봉수면은 남북으로 길다란 모양이었는데 위쪽 지역인 서암에는 진주 강씨, 아래쪽 지역 죽전에는 김해 허씨가 각각 100가구 이상의 집성촌을 이루고 있다.
서로 자기 마을에 학교를 유치하려는 치열한 갈등 끝에 중간 지점인 진버들에 학교가 설립되었는데, 그 시기가 일제강점시대인 1933년 3월이었다.

진버들은 경상남도 의령군 봉수면 신현리의 한 고을이다. 글쓴이의 고향은 왜구가 칼바람으로 조선 천지를 황폐화시켰던 임진년의 난리(임진왜란)을 피해 숨죽여 살았던 곳으로써 15대를 이어오고 있는 곳이다. 가문의 터전이 고스란히 남아 있는 유서 깊은 장소로 묘사하고 있다. 당시 두 세 가구에 불과했던 동네로 시작했는데, 지금은 40여 가구가 모여 오순도순 살아가는 경주김씨 집성촌이 되었다. 그곳 초등학교는 아버지로부터 아들들에 이르기까지 줄줄이 동문이다.

진버들은 오늘날 한지(韓紙) 생산지로 유명한데, 거기에 얽힌 설화를 소개함으로써 기록물의 내용에 흥밋거리를 제공하고 있다.

봉수면에는 소백산맥의 덕유산 끝자락에 있는 국사봉(國師奉)

아래 대동사(大同寺)라는 절이 있었는데, 설씨(薛氏) 성의 주지 스님이 최초로 한지를 만들었다고 전해지고 있다.

어느 봄날 닥나무(楮皮)를 꺾어 지팡이로 사용하다가 절 앞 반석 위에 앉아 그 지팡이를 무심코 두드렸는데 다음날 와보았더니 닥나무 껍질이 반석 위에 말라붙어 얇은 막이 형성되어 있는 것을 발견하였다.

이를 본 스님은 닥나무 껍질을 벗겨서 돌로 찌고 두들겨 반석 위에 늘어 놓고 다음날 다시 와서 보니 껍질이 서로 엉겨붙어 말라 있었다. 주지승은 여기에서 착상을 얻어 발전시켜 한지를 만들었다고 전해지고 있다.

고향에 얽힌 설화는 고향의 정체성의 한 조각을 형성하기도 하며, 스토리텔링이 주요 주제가 되기도 하여 사람들의 관심을 불러일으키는 소재로 많이 쓰인다. 글쓴이도 한지에 얽힌 설화를 소개함으로써 자칫 밋밋해질 수 있는 고향 이야기에 양념을 침으로써 맛을 더하고 있다. 바람직한 접근 방법이라고 평가할만하다.

고향에 대한 회상 3

통지가 집 울타리 안에 있으니, 봄부터 늦여름까지 온 집안에 파리떼가 끊일 날이 없었다. 거실이며, 부엌에는 온통 파리떼가 새까맣게 붙어 있었다. 식은 보리밥 위에는 항상 파리똥이 묻어 있었고, 낮잠 자는 아이의 콧구멍에 남아 있는 양식을 핥으려고 파고드는 파리떼는 언제나 아이의 단잠을 방해하곤 했다. 파리들은 아이의 콧구멍에도 사정없이 똥을 쌌다. 이제 그 많던 파리떼는 어디로 갔을까?

우리 형제들은 그 집에서 시집가고, 장가를 갔다.

이 글은 앞에서 제주도의 똥돼지에 얽힌 이야기를 했던 HY씨의 글을 다시 이어간 것이다. 재래식 화장실이 한 울타리 안에 있으니 파리떼가 얼마나 극성스러웠을까. 당시의 상황으로 미루어 볼 때 파리약이 시원치 않았을 것이니, 파리떼를 효율적으로 없앨 방법이 없었을 것이다. 그런 환경에서도 사람들은 그들이 계획대로 삶을 이어가는 것이다. 인간의 적응력이란 참으로 대단하다.

고향에 대한 회상 4

존제산은 소설 태백산맥의 중심무대다. 우리 마을은 존제산 줄기에 자리 잡고 있다. 조정래 작가는 소설 <태백산맥>에서 존제산을 "그만그만한 높이의 산들이 줄기를 뻗고, 그 줄기들이 겹쳐지고 이어지면서 원을 이루어 가고 있다. 그건 산들이 손에 손을 맞잡은 강강술래 춤이거나, 어떤 성스러운 것들을 받들어 올리고자 하는 산들의 어깨동무였다."고 표현했다. 우리 마을은 크고 작은 산들이 병풍처럼 펼쳐져 있고, 겹겹이 둘러싸여 포근하게 느껴진다. 옹달샘에서 솟아오른 샘물이 겨울에는 따뜻하고, 여름에는 시원하다. 밥그릇처럼 아담한 웅덩이로 콸콸 쏟아지는 맑은 샘물을 마시며 허기를 달래고, 양동이 밑바닥처럼 좁은 동네에서 옹기종기 뛰어놀던 추억을 간직하고 있다.

글쓴이 CH씨가 소개한 고향에 대한 기록이다. 지리적 위치며, 성격 등에 대해 묘사하고 있다. 그리고 이어지는 산맥들이 마치 사람들이 강강술래를 하는 것에 비유(의인법)하는 조정래 작가의 글을 인용하는 등, 읽는 이로 하여금 궁금증과 호기심을 자아내고 있다.

솟아오르는 샘물에 담긴 얘기는 청량감을 더해 계절을 불문하고 한번 가보고 싶은 욕구를 불러일으킨다. 그의 글은 과거에 대한 즐거운 추억과 함께 옛 모습이 점점 사라지는 것들에 대한 아쉬움으로 이어지고 있다.

> 존제산 줄기에는 초등학교 때 직접 심었던 소나무들이 지금은 아름드리나무가 되어 울창한 숲이 되었다. 조금이라도 땅을 넓혀서 콩과 팥, 고추와 배추, 참깨와 들깨, 고구마와 옥수수 등을 심었던 전답들이 산소로 변해가고 있다. 토끼몰이를 하면서 다람쥐, 오소리, 꿩도 잡고, 멧돼지는 도망쳤다. 그런데 지금은 다시 숲이 우거지고 인적이 드문 곳부터 동물의 세계로 변하고 있다.

옛날에는 한 뼘 땅이라도 더 늘려 살림에 보태고, 자식들 교육비에 충당하려고 애썼건만 이제는 사람들이 떠나 황량해지는 고향의 풍경을 아쉬움으로 바라볼 수 밖에 없음이 안타까울 뿐이다. 옛날에 '산천은 의구하되, 인걸은 간데없네' 가 이제는 사람들은 간데없고, 사라진 곳에 야생동물들만의 우글거리는 원시의 땅이 되었다. 글의 행간에서, 대한민국 시골의 소멸이 임박했음을 걱정스런 마음으로 바라보고 있음을 읽을 간파할 수 있겠다. 개별자로서 걱정하고 염려한다고 해결될 문제는 아니지만, 이 일을 어이 할거나!

03

연애의 향연과 결혼의 현실

연애와 결혼에 얽힌 이야기 또한 자기 역사 쓰기에서 빠질 수 없는 대목이다. 한 인간의 삶의 여정에서 어쩌면 가장 중요한 비중을 차지하는 역사의 한 부분이 아닐까 싶다. 거기에는 애정과 미움, 갈등과 고뇌, 희열과 절망, 꿈과 좌절, 늘어난 관계들과의 애증 등이 헝클어진 실타래처럼 복잡하게 덩이져 있기 때문이다.

아이가 생기고 필연적으로 책임의 범위가 넓어지면서 해결해야 하는 과제는 늘어나고, 부부의 어깨는 져야 하는 짐의 무게에 한없는 무력감을 체험하기도 한다. 여하튼 우리는 나이가 들어 세상에 대한 앎의 깊어지고, 그 지경이 넓어질수록 행복하고 즐겁다는 생각보다는 만만치 않다는 자괴감에 빠져 우울의 경내에 머무는 횟수가 늘어간다. 필연이다. 그러니 얼마나 기록하여 남기고 싶은 것들이 많겠는가? 어쩌면 연애와 결혼에 대한 이야기로 자기 역사 쓰기 지면을 채워도 충분할 만큼 쓸거리의 양이 넘치도록 쌓여 있다. 여기에다 기록의 많은 부분을 할애해도 좋으리라.

연애와 결혼에 대한 회상 1

어느 날부터인가 저녁 예배에 조그맣고 통통한 아가씨(지금의 배우자)가 눈에 들기 시작했다. 예배 후에 교인들과 커피도 함께 마시면서 담소하는 데 순진해 보이기도 하고, 때로는 순수해 보이기도 했다. 한동안 특별한 감정이 없이 믿음의 형제로 우리 교회에서 가끔 예배 후에 만나는 사이로 지냈다.

이 글을 쓴 HY씨는 당시 금융기관에서 직장생활을 하다가, 퇴사하여 대학원을 준비하는 중이었다. 그때 나이가 대략 30세 쯤이었다. 신앙생활을 위해 동네 작은 교회를 다녔다. 현재의 배우자를 거기서 처음 만났다. 적지 않은 나이에 혼자 자취한다는 것은 그리 녹록한 일이 아니다. 그런 시기에 얘기할 상대를 만난다는 것은 분명 삶에 활력을 얻는 기회가 된다. 그럼에도 불구하고 어린 처자가 집 근처에 교회가 있어 저녁에 나오겠거니 하고 가벼이 생각하면서 한동안 평행의 상태를 유지하고 있었다. 얼마 안되는 퇴직금으로 근근이 생활을 이어가던 그가 관계를 진전시킨다는 것은 예산상 허용될 수 없는 마지노선을 넘는 행위였다.

2학기 학기말 시험을 준비하는 기간 중에 재미있는 사건이 있었다. 문득 그대와 결별해야겠다는 생각이 들었다. 더 이상 관계를 이어갈 힘이 없었다. 헤어져도 미련 같은 것이 남을 것 같지도 않아, 더 늦어지기 전에 무언의 메시지를 보내는 게 좋겠다는 생각에 연락을 끊었다. 습관처럼 도서관 책상에 머리를 박고 지냈다.

"내가 연락하지 않으면 그냥 말없이 떠난 줄 알겠지."

신경 쓸 곳이 하나라도 감해지면 생활은 그 분량만큼은 고요해진다.

그 사이 HY씨와 그녀와의 관계가 어느 정도 진전되었던 것으로 짐작할 수 있는 대목이다. 대학원에 입학한 후, 학업에 대한 고민도 고민이지만 재정적인 문제도 그에게는 해결하기 어려운 문제였다. 결국 불투명한 그의 미래에 그녀를 가둬둘 수 없다고 결론을 내렸고, 선택한 것이 바로 '잠수타기' 였다. 그의 갈등의 크기가 어느 정도였는지 대강 이해할 수 있다. 관계의 숫자만큼 걱정과 근심도 많아진다. 그래서 숨은 곳이 도서관 구석이었다. 언젠가 학업을 중도 포기할 때가 올지도 모르지만 어찌되든 그 순간까지는 버텨야만 했다. 다른 길은 없었기 때문일 것이다. '외길'이란 바로 이런 경우를 두고 나온 말일 것이다. 그럴수록 초겨울의 추위는 가난한 청년의 얇은 외투를 뚫고 들어가 뼛속 깊이 처참함을 남겼다. 가난의 댓가다. 누군가의 위로를 받고 싶은데, 기댈 곳이 없다. 그녀가 소리없이 떠나주길 학수고대했다. 수개월 동안 대치하던 적(敵)이 야밤에 쥐 죽은 듯 철수하는 경우도 있지 않은가. 비유컨대, 나에게 적은 그녀였고, 그녀의 적은 나였기를 바랐다.

"그렇지, 내가 떠난 거라고 감 잡고 포기했나 보다. 그래 잘됐지 뭐"

그렇게 혼자 결론을 내고 단조로운 생활패턴에 매달려 미래에 대한 기대는 묻어두고 지내는 것도 그리 나쁘지 않았다. 내일에 희망을 거는 건 사치고, 오직 오늘에만 매달렸다. 그런데 웬걸, 어느 날 저녁 시간에 도서관에 앉아 있는데 누군가가 가물거리는 내 기억을 깨운다. 그녀다. 순간, 화들짝 놀랐다.

탐정이 아닌 바에야, "여길 어떻게 알고 찾아왔지? 내가 어디 있는지 알고!"

순간 멍한 상태로 HY씨의 의식이 멈췄다. "나 같은 사람 뭐가 좋다고!"

주위 학생들의 시선이 부담스럽고 민망스러워 곧바로 자리를 떴다. 빈자리를 누군가가 잽싸게 차지했다. 그에게 행운을 안긴 셈이다. HY씨는 두 번째 학기를 도둑질하듯 넘겼다. 어쨌든 HY씨와 그녀는 그때 이후로 어렵사리 초겨울을 넘기고, 새봄을 맞을 준비를 하고 있었다. 2월이다. 겨울의 끝자락이라 아직도 냉기는 바람을 가르며, 얇은 외투를 경멸하듯 몸속으로 파고든다. 뭔가 결단을 내려야 할 때다.

어느 날 그대와 다방에서 만나 커피를 마시고 의미 없는 말로 시간을 죽이고 있었다.

"이 아가씨와 결혼해야 하나?"

물음이 스치듯 내 머리를 바람처럼 훑고 지나갔다.

"그래, 해야 할 거라면 그게 언제인가는 중요한 게 아니지. 가장 어려운 시기에 합력하여 선을 이룬다면 오히려 그게 더 바람직한 거 아닌가?"

그대에게 물었다.

"○○씨, 월급이 얼마야?"

"15만원 정도..."

"우리 결혼하자."

"언제요?"

"결정해서 다음 만날 때 알려줄게."

HY씨는 더 이상 물러설 수 없는 막다른 골목에 이른 듯하다. 학업을 포기하여 낙향하려니 그동안 지난 온 시간이 아깝고, 나아가려니 미래가 불확실하다. 진퇴유곡의 상황이다. 결국 HY씨는 불투명한 미래에 자신을 맡기기로 결단하였다. 그가 졸업하기까지는 아직 1년이 남았고, 졸업했다고 바로 취업을 보장하는 아무런 근거도 없었다.

지금은 모든 것이 한순간의 염려였을 뿐이라고 여길 정도의 생활을 하고 있지만, 그 당시 자신을 믿고 따라준 아내에게 마음으로 늘 감사하고 있다. 그러면서 HY씨는 교훈을 하나 챙겼다.

"물러설까 나아갈까를 고민할 때는 나아가는 쪽을 택하라."

보증금은 그대가 90만원 불입한 재형저축을 담보로 70만 원을 대출받아 해결했다. 가구는? 없음.

'비키니 옷장, 테이블이 부착된 작은 책장, 그릇 몇 개, 석유곤로'

이상!

HY씨가 3학기 때(1985년) 그들은 결혼을 하였고, 드디어 소꿉장난이 시작되었다. 최소한의 공간에 최소한의 물건들로 채워 백년해로를 시작한 것이다.

"네 시작은 미약하나 네 나중은 창대하리라" 가 그들에게 해당하는 메시지일지는 아마도 그들이 믿는 하나님만 알고 계셨으리라

연애와 결혼에 대한 회상 2

어느 봄날 오후, 비옥한 흙 사이 이제 막 새싹이 올라오는 구불구불한 논두렁 길을 한 소녀가 팔짝팔짝 뛰어간다. 어깨까지 양 갈래로 머리를 곱게 딴 작고 새하얀 얼굴에 눈이 큰 아이였다. 그 뒤로 서너 명의 아이들이 선생님을 뒤따른다. 따스한 봄볕에 그 소녀의 모습은 눈이 부시다. 백설 공주다!

초등학교 2학년 때 그녀(현재 배우자)에 대한 JH씨의 회상이다. 사실, 초등학교 시절에 마음에 두었던 이성과 결혼까지 이어지는 것은 매우 이례적인 일이다. 왜냐하면, 성장하면서 이성에 대한 판단 기준이 계속 변하기 때문이다. 어린 시절에 예쁘다고 생각했던 상대는 대부분 각자가 사회생활을 하면서 어쩔 수 없이 잊혀지기 마련이다. 더구나 각자 다른 이성을 만나면서 먼 과거의 추억으로 그친다. 그런데 JH씨의 경우는 매우 특이한 사례라고 할 수 있겠다. 어렸을 때 그녀에 대한 느낌이 매우 강렬하게 남아 있었던가 보다.

시간은 흘러 어느덧 대학을 졸업하고 직장생활을 하고 있었다. 그러던 봄날 대전의 어느 미술학원에 전화벨이 울린다.
"여보세요, 나 ○○○인데 혹시 기억나니?"
"○○이 누나한테 네 소식 듣고 반가워서 전화했어."

전화 한 통화가 JH와 그녀의 재회를 재촉하는 단서가 된 듯하다. 무엇보다도 중학교 시절 같은 부서에서 함께 활동했던 시간들이 그들의 마음속 거리를 가깝게 하였다. 그 결과 JH씨는 중학교 졸업 후에도 기억 속에 그녀의 존재를 항상 넣고 다녔던 것으로 보인다. 그러다가 ○○이 누나로부터 그녀에 대한 소식을 듣는 순간 다시 관계를 이어가고 싶은 욕구가 발동했던 것이다.

> 그렇게 우리는 그해 9월 첫 토요일 부부가 되었다. 백설공주와 결혼한 백마 탄 왕자처럼, 백마 대신 흰색 티코 탄 내가 나의 백설 공주였던 그녀와 결혼했다. 이렇게 될 것을 먼 옛날 어느 봄날 초등학교 2학년 가정방문 가던 길의 그 소년은 알았을까? 인생이란 불확실하기에 흥미진진한 것이 아닐까.

JH와 그녀는 원거리 데이트 끝에 부부가 되었다. 초등학교에서 중학교까지를 거치면서 쌓였던 좋은 추억들이 그들을 빠르게 가깝게 하는데 크게 작용했을 것이다. 동화 속의 백설 공주의 백마 탄 왕자를 자신과 자신이 가지고 있는 흰색 티코에 비유한 것이 흥미롭다. 그만큼 배우자에 대한 갈망이 컸었나 보다. 인생에 확실한 것은 아무 것도 없다. 그럼에도 불구하고 불확실한 미래에 자신의 인생을 던지는 사람들이야말로 세상을 이끄는 리더가 되는 법! JH는 일찍이 그런 삶의 법칙을 몸에 지니고 있었던 것은 아닐까. 그의 용기와 확신에 찬 삶의 자세에 용기를 보내고 싶다.

04

병영생활, 군대에서 축구한 이야기

대한민국의 건강한 성인 남성들에게 군대 생활은 그냥 넘길 수 없는 특이한 하나의 역사를 이룬다. 그 기간이 한 인간에게 던지는 메시지는 깊고도 넓다. 수컷들의 상징인 의리 · 용기 · 단결 · 강인함 · 질서 · 애국심 등과 같은 추상적인 개념들이 구체화된 경험의 세계로 펼쳐지는 현장에서 우리는 서로 감격하기도 하지만, 비인간성 · 획일성 · 내면의 헐거움 · 집단성 등에 좌절하는 것이 바로 대한민국 군대라는 곳이다. 그곳은 인종은 하나이나 수많은 팔도의 개별성들이 서로 부딪치며 뒹굴고, 깨지며, 상처를 입고 입히는 치열한 광야의 생존 법칙을 미리 경험하는 통과의례의 현장이기도 하다.

군인들은 호루라기 소리에 긴장한다. 그 소리는 새로운 질서를 강요하는 소리요, 경고의 소리요, 순간적으로 행동을 돌려세우는 예령이요 심판의 소리다. 때로 호루라기 소리는 인간의 언어를 매우 함축적으로 대신한다. 대학교 3학년 때 친구들과 작당하여 해병대에 지원 입대한 필자는 2년 2개월 동안 그 소리를 듣고 지냈다. 맷집이 약한 것에 한탄하기도 했고, "왜 하필 이 군대에…" 라는 푸념과 회한으로 긴 한숨을 내쉬며 잠자리에서, 또는 화장실 구석진 곳에서 동기들과 속닥거리며 지낸 세월들의 합계가 나의 군대 생활이었다.

짧지만 긴 여운을 남긴 시간이었기에 남자들은 군대 얘기에 거품을 물고, 그곳에서 축구 했던 추억에 한 번 입을 떼면 멈출 줄을 모른다. 그런저런 의미에서 남성들의 자기 역사 쓰기에 군대 스토리는 제외할 수 없는 소재거리일 수밖에 없다.

> 1976년 4월 22일.
>
> 나는 대한민국의 진해 해군해병훈련소 정문에 한 무더기의 낯선 젊은 청춘들과 함께 도열해 있었다. 인상들이 모두 예사롭지 않다. 앞으로 이 낯선 인생들과 12주 동안 함께 뒹굴고, 싸우고, 뒤엉켜 지내야 한다. 눈매가 사나운 교관들이 헐거운 인생들을 잡아먹을 듯이 다그친다. 그들이 불어대는 호루라기 소리는 차가웠고, 날카로운 칼날이 되어 4월의 봄바람을 사정없이 베어내고 갈랐다. 세상 넓은 줄 모르고 껄렁대던 청춘들이 긴장한다. 때로는 길고, 때로는 짧은 호루라기 소리에 우리는 양떼처럼 이리저리 몰렸다.

70년대에 군대 생활을 겪은 남성들은 이 모습을 대강 짐작할 것이다. HY씨는 대학교 3학년 봄에 병영생활을 시작했다. 그의 나이 23세 때다. 국민의 4대 의무인 국방의 의무를 마치는 것은 대한민국의 건강한 청년이라면 반드시 거쳐야 하는 통과의례이다. 마치 아프리카의 어느 종족에서 혹독한 성인식을 치러야 마을에서 성인으로 인정받는 엄숙한 의식 같은 것이다.

어떤 이들에게 그 기간은 인생에서 쓸모없는 낭비의 시간으로

평가받는다. 돈의 힘, 또는 권력의 힘을 이용하여 그 기간을 매수하는 작태는 그래서 생긴다. 부패요, 불공정이요, 결코 세습되어서는 안 될 삿된 일이다.

수직과 획일의 현장은 효율로 모든 것이 평가되는 곳, 그 최고봉이 바로 해병대 병영이다. 명령과 복종만이 존재하는 곳! 거기서 우리는 바깥세상에서는 경험하기 어려운 특유의 문화에 발가벗겨진 자신과 다른 인격들을 만나게 된다. 더구나 HY씨는 70년대의 해병대에서 국방의 의무를 지겠다고 스스로 선언한 것이다.

"휘~이익, 기~상 5분 전!"

늦잠에 익숙해진 육신들은 병영의 새벽부터 신음이 깊다. 한낮의 훈련은 고되었고, 순검(취침 전 점호)은 살벌했다. 중대장 해병은 수시로 호루라기를 불어댄다. 예령은 길고 끝은 짧게 끊기는 호루라기 소리가 한창 순검 준비로 소란스런 내무반의 공기 속을 예리하게 파고든다.

"휘~이~익, 순거~어엄 5분 전!"

부대원들의 손길이 더욱 부산해진다.

'해병대 순검은 산천초목이 떤다.'는 전설 같은 얘기가 있다. 하루의 시작도 중요하지만, 마감은 더욱 중요하다. 시작이 있으니 당연히 끝도 있어야 하는 것이 자연의 섭리요, 법칙이다. 매듭이 결여된 삶이란 그만큼 헐거울 수밖에 없다. 두렵고 염려스러운 것은 모든 활

동이 피동형으로 주어진다는 것이고, 거기에 익숙해진다는 것이다. 규격화되고, 박제된 영혼이 자유롭고 다양한 세계에서 흔쾌한 마음으로 타인들과 관계를 이루어 갈 수 있을까.

낫에 함께 뒹굴었던 M1 소총에 묻은 진흙을 털어내고, 총열을 기름걸레로 닦고, 침구에 각을 내고, 각종 암기 사항을 외워야 할 뿐만 아니라 용의 검사에 대비해야 한다. 어느 것 하나 소홀히 할 수 없는 것들이다. 제일 난감한 것은 하루 사이에 길게 자란 턱수염이다. 그렇다고 면도기가 주어지지도 않는다. 모든 개인용품은 수거되어 고향으로 배달되었다. 어떤 녀석들은 손으로 수염을 뽑느라고 난리다.

"어떻게 하면 이 천덕꾸러기 수염을 밀어낼 수 있을까?"

병영의 물자는 늘 충분치가 않다. 이미 쥐어진 것들로 직면하는 문제를 해결할 수 있도록 훈육된다. 그런 과정들이 모여 불가능을 가능케 하는 역량이 자연스레 터득되는 것이다. 없으면 있게 해야 하고, 부족하면 채워야 한다. "수염이 길면 안된다." 는 것은 요지부동의 규칙이다. 거기에 예외란 존재하지 않는다. 그렇다고 부대에서 "여기 면도기가 있으니 이걸로 당신의 그 보기 싫은 털을 미시오." 라고 하지 않는다. 알아서 깎을 것이며, 깎이지 않은 수염은 오직 당신 책임이며, 그 대가는 처벌 뿐이다. 그 시절의 해병은 그런 곳이었다. 그래서 '귀신 잡는 해병이요, 안 되면 되게 하는 해병' 인 것이다.

연병장으로 갔다. 모서리가 닳고 닳은 엄지손톱 크기의 유리조각을 발견했다. "그렇지, 바로 이거야!" 그 녀석을 돌멩이로 살짝 두드려 깼다. 쪼개진 유리 조각들에 날카로운 모서리가 형성되었다. 그날 나의 턱은 매끈하고 윤기(?)가 났다.

대단한 상상력이요, 아이디어다. HY씨의 발상이 놀랍기만 하다. 이 글을 읽으면서 논리심리학자인 빅터 E.프랭클의 저서『마지막 하나의 자유』에서 나오는 광경 하나가 떠오른다. 그는 아우슈비츠 수용소의 엄혹한 세월을 이겨내어 생존한 몇 안 되는 유대인이다. 오래전 그의 책을 읽는 중, 한 대목에서 나는 마치 최고 속력으로 달리던 열차가 비상 상황에서 급제동이 걸리듯 온몸의 기능이 정지하는 것을 느꼈다. 그리고 전율했다.

"가능하면 매일 면도를 하시오. 유리 조각이라도 사용해서 말입니다. 그리고 그 유리 조각 하나를 구하기 위해서는 마지막 남은 빵 한 조각이라도 바꾸시오. 그러면 당신은 보다 젊어 보일테고 면도날 자국 때문에 뺨에 핏기가 있어 보일 것이오. 만일 당신이 살기를 원하거든 오직 하나! 일을 할 수 있다는 것을 보이시오."

그의 고백은 계속 이어진다. "생존해야 할 이유를 알고 있는 사람은 어떤 방법으로도 살아갈 수 있다. 그리고 우리가 선택할 마지막 하나의 자유는 바로 우리의 태도(attitude)이다."

HY씨의 생존방식이 빅터 E.프랭클을 닮아 있다. "생존해야 할 이유를 알고 있는 사람은 어떤 방법으로도 살아갈 수 있다." 는 말은 니체가 설파한 메시지다. 어떤 상황이든 그 상황을 정의하고 해석하는 힘은 각자의 몫, 즉 태도에서 비롯된다는 것이 요지다. 그런데 중요한 일은 극한의 상황에서 '생존해야 할 이유' 를 찾는 것이다. 힘들고 지친 상황에서 당신이 붙들 수 있는 미션, 혹은 비전이 바로 '생존해야 할 이유'가 아닐까.

훈련소장 송대원 대령. 그가 한 수료식 축사의 내용 중 아직도 생생하게 기억 속에 깊이 저장된 게 있다. 그만큼 내게 강한 울림이 있었나 보다. 연설 내용의 요지는 이렇다.

"서로 친한 두 사람이 길을 가다가 갈림길을 만났다. 각자는 자기가 좋다고 생각한 길을 선택한다. 그런데 각자가 선택한 길은 모두 험하고 위험한 길이었다. 두 사람 모두 "다른 길을 선택했으면 좀 더 편하고 안전하게 갈 수 있었을텐데" 라며 후회를 한다. 얼마 후 둘은 한 곳에서 만난다. 그리고 각자 선택한 길이 얼마나 험하고 위험한 길인지 털어놓는다.

여러분의 친구들 중 누구는 육군을, 누구는 공군을, 누구는 해군을, 그리고 누구는 그 힘들다는 해병대를 선택한다. 어쩌면 여러분들은 지금 다른 군을 선택하지 않은 것을 후회할지도 모른다. 그러나 제대 후 그들을 만나보면 그들 역시 고생스러웠던 시간들에 대해 말할 것이다. 그러니 제군들이 선택한 길을 사랑하라."

멋있다.

우리는 종종 뜻하지 않은 곳, 기대하지 않은 순간에 인생의 스승을 만나는 수가 있다. 거장(巨匠)의 어록에서나 발견할 수 있는 깊은 울림의 메시지를 그는 막 전반기 훈련을 마쳐, 마음이 모두 콩밭(부모·형제·연인 등 면회객이 있는 곳)으로 가 있는 시커먼 졸병들에게 던지고 있었던 것이다. 도대체 훈련병들 중 누가 그의 얘기를 귀담아 들었을까. 45년이 지난 지금, HY씨는 아직도 그때의 메시지를 기억하고 있다. 그에게는 면회객이 없었다. 그 서러운 환경이 그에게 황금 한 덩이를 안긴 것이다. 살아가면서 큰 힘으로 작동하고 있다.

선택에는 책임이 따른다. 가는 길에 발에 차이는 작은 돌맹이 하나가 우리를 불편하게 할 수도 있으나 그것 때문에 책임을 회피하지 마라. 그런 장애물에 굽히지 마라. 송대원 대령은 그걸 얘기하고 싶었던 것이 아닐까.

1976년 8월 18일 판문점 인근 공동경비구역 내에서 조선인민군 군인 30여 명이 도끼를 휘둘러 미루나무 가지치기 작업을 감독하던 주한 미군 장교 2명을 살해하고 주한 미군 및 대한민국 국군 병력 절대다수에게 피해를 입힌 사건이다. 판문점 사건, 판문점 도끼 살인 사건, 8·18 도끼 만행 등으로도 불린다.

HY가 입대 후 정확히 4개월 후, 그러니까 그가 자대 배치되어 막 한 달이 되던 시점이었는데 북한의 적개심이 폭발하였다. 기어이 도발을 감행했다. 한반도가 아연 긴장의 소용돌이에 휩싸였다. 이런 경우 민간의 긴장도와 병영의 긴장도는 천양지차로 몰려온다. 박정희 정부는 비상경계발령 수준을 데프콘3(준 전시상태)까지 끌어올렸다. 전역 예정자들은 한 달 이상 병영에 더 머물러야 하고, 휴가병들은 즉시 귀대 조치가 이루어졌으며, 모든 장병들에게 외출·외박 금지조치가 내려진다. 또한 특정 부대는 5분대기조가 되어, 눈뜨는 시간은 철모와 소총을 소지해야 한다. 8월의 태양은 이런 사정을 봐주는 법이 없다. 그래서 병영은 늘 땀으로 젖어 있었다.

크고 작은 긴장과 이완이 롤러코스터를 탔다. 그러면서도 시간은 속절없이 저만치 긴 꼬리를 남기면서 해를 넘기고, 또 넘었다. 멈춰있던 시간들인 것 같았는데...

1978년 6월.

사단 연병장에서 군악대의 '나가자 해병대'를 밴드에 맞춰 전역병들은 아쉬움과 기쁨의 노래를 함께 불렀다. 뜨거운 것이 올라오면서 목구멍을 막았다. 컹컹컹. 목을 가다듬는다. 지난 시간들이 주마등처럼 필름되어 흐른다.

세상에 멈춤이란 없다. 이고 지고, 피는 꽃은 반드시 지는 것이며, 제자리에서 꿈틀거리던 갓난아이는 어느새 걷기 시작한다. 시간은 늘 공평하다.

훈련소장이 얘기했던 그 길의 끝 지점에 섰다. 출발지점이 저만치 아득하다. 모든 지점의 끝과 출발점은 항상 함께 붙어 있다. 그러니 우리 삶의 끝은 결코 끝이 아니다. 그게 죽음일지라도 그렇다. 그래서 모든 삶의 자세는 긴 꼬리를 남긴다.

전역 장병들은 긴 호흡을 하며 연병장을 떠난다. 개별적인 다짐을 하나씩 품고, 수 개월 전 각자 출발했던 그 지점으로 돌아간다.

"앞으로 제대로 한 번 살아봐야지!"

05

시절의 추억들

인생이란 롤러코스트다. 오르막이다 싶으면 곧 내리막이다. 앞에 그려 본 변곡점을 떠올려 보면 쉽게 이해가 간다. 굽이마다 사연이 많다. 그 자체가 곧 우리네 삶이 아닐까 싶다. 굽이를 만들어내는 것들은 대부분 질병, 인간관계, 경제, 도전, 일, 경쟁, 사고 등이다. 굴곡이란, 개별 주체들이 해결하고 넘어야 하는 문제와 동의어이다.

자기 역사 쓰기에서 제외될 수 없는 부분이 바로 과거에 겪었던 굴곡(=문제, 사건)들이다. 왜냐하면 '삶=굴곡의 합'이기 때문이다. 자기 역사 쓰기에서 특정 사건을 기록하는 방법은 6하 원칙을 따르지만 기자가 기사를 작성하는 것과는 다르다. 사실을 기술한다는 면에서는 같지만 신문 기사에서는 쓰는 이의 감정을 포함하지 않는다는 것이 결정적인 차이다.

반면에 자기 역사 쓰기에서는 과거의 사실을 다루되, 쓰는 이의 느낌 등이 포함되도록 하는 것이 보편적인 서술방식이다.

기록 사례 1 뒷골목의 도둑

영등포여고 뒷담엔 작은 시장 골목이 있었다. 시장통을 지나, 뒤로 들어가면 옹기종기 주택가가 있는데 그곳이 나의 어린 시절 무대이다.

'톰 소여의 모험'의 톰이나 '말괄량이 삐삐' 같은 소싯적 내 성격은 아마도 이 시장통 골목길에서 자라온 성장 배경에서 비롯된 것이 아닐까?

이곳에 터 잡고 오래 살았는지, 내 유·소년기 기억의 대부분은 이때 이 골목길에서의 만들어진 에피소드들이다.

모험심 많은 그때, 지금도 또렷한 '도둑 이야기'가 하나 있다.

저녁 무렵 어둑어둑해질 때, 갑자기 동네에서 큰 외침이 들렸다.

"도둑이야! "

JS씨가 경험한 재미있는 에피소드다. 아마 누구에게나 도둑에 대한 에피소드 하나씩은 가지고 있을 것이다. 이 글을 쓴 필자 역시 어린 시절 살았던 영등포 시장통에서 겪은 도둑에 얽힌 얘기를 하고 있다. 이 사건이 글쓴이의 뇌리에 강하게 각인된 것은 당시 상황이 끼친 영향이 컸던 때문이 아닐까 싶다. 그게 타인에 대한 의심으로 자리 잡을 수도 있고, 어두운 골목길에 대한 트라우마로 작용할 수도 있다. 과연 글쓴이에게는 어떻게 자리 잡고 있을지가 궁금해진다.

"저 문으로 들어갔을 거예요!" 라고 외쳤다. 그러나 사람들은 내 말을 믿어주지 않았다. 꼬마 여자애가 한 말은 가볍게 묵살되었다. 어른들이 다른 골목을 찾아보려고 뒤돌아설 때, 그 파란색 문이 열리고 숨어있던 도둑은 사람들 사이를 뚫고 후다닥 내뺐다. 모두 허공을 쳐다봤다.

외형적으로 보면 사소한 사건이지만 그 상황을 온몸으로 맞았던 당사자에게는 큰 상처로 남아, 평생을 잘못된 프레임에 갇혀 관계에 어려움을 겪는 경우를 본다. 이 사건을 기록한 JS가 그 당사자이다. 그의 말에 의하면, 그 사건 이후 다른 사람들에 의해 자신의 의견이 수용되지 못하는 상황에 처할 때마다 결국은 자신의 생각이 옳을 수밖에 없다고 스스로에 대한 확증편향 경향성이 형성되었다고 털어놓았다. 특정 행위의 반복성은 습관으로 마음 안에 눌러붙게 되고, 궁극적으로는 사회 통념적으로 회자되는 '○씨 고집' 이라는 잘못된 일반화를 만드는 데 일조하기도 한다.

기록 사례 2 너, 집에 갈 때 만나!

이웃 동네에 사는 동급생 중에 가끔 나를 괴롭히는 친구가 있었다. 하나는 김○○, 다른 하나는 고○○이었다.

내 체구가 왜소하게 보였던지 그 친구들은 틈만 나면 괜히 나에게 접근해 와서 집적댔다. 그들의 먹잇감으로 보기에 적당하였나 보다. 먼저 김○○과 한 판 붙은 얘기를 하는 게 순서다. 아마도 5학년 때쯤일 것이다. 견디다 못해 어느 날 그에게 도전장을 내밀었다.

"김○○, 개새끼! 너 집에 갈 때 만나!"

초등학교 시절, HY씨가 친구들의 괴롭힘에 맞선 경험이다. 만만해 보이는 상대에 대한 괴롭힘은 시대를 가리지 않았던 모양이다. 상식적으로 보면, 약자들은 약자 편에 설 것 같지만 결코 그렇지 않다는 현상을 보여주는 단면이다. 한패가 되어 강자에 대항하기 보다는 자기보다 더 약한 상대를 골라 자신이 상대적으로 강자임을 입증하려고 한다. HY씨가 바로 약자의 약자로 지목된 것이다. 작은 괴롭힘에 굴복하면 그 강도는 점점 강고해져서, 그게 지속되면 우리는 노예가 된다. 다행히 HY씨는 그 길을 버렸다. 결연히 맞서는 길을 택했다. 그는 지금도 그걸 용기라고 자부한다.

> 우리 동네 친구 몇 명, 그의 동네 친구 몇 명이 동행하여 싸움 장소로 갔다. 학교 수업이 끝나고 집에 가는 길이 절반은 그와 내가 겹친다. 싸움 장소라야 골목길이다. 허리춤에 묶어 둔 책보자기를 풀어 길옆에 던져 놓았다.
>
> 콩알만 한 꼬맹이가 한껏 살기를 돋으면서 상대에게 다가선다. 그는 나보다 키가 크고, 덩치도 만만치 않은 놈이었다. 그런데 싸움은 잘하는 편이 아니었던 것 같다. 엉겨 붙어 쓰러뜨리고 코를 쥐어박았다. "아야" 소리를 내며 그 녀석이 자지러진다.

어렸을 적 싸움은 먼저 코피를 쏟은 쪽이 지는 것이다. HY씨가 이겼다. 속이 후련했다. 10년 묵은 체증이 내려갔다. 의기양양하게 친구들과 떠들면서 집으로 향했다. 결단하여 처리하면 해결할 수 있는 일들을 우리는 수없이 미루면서 고민과 걱정에 휘둘리는 일이 얼마나 많을까.

"그가 나에 대해 어떻게 생각할까?" 라는 자신의 이미지 관리에 지나칠 만큼 민감하다. 그런데 상대는 전혀 나에 대해 부정적인 인식을 가질 생각이 없다.

김◯◯ 코피를 터트린 HY씨는 그날 이후로 해방의 기쁨을 맞았다. 용기란 두려움이 없는 상태가 아니라, 두려움에 맞서는 것! 두려움의 실체를 정확히 알고 맞서는 자가 상황을 지배한다.

고◯◯, 집적거리기는 김◯◯ 보다 더 얄밉다. 괜히 트집을 잡고, 손가락으로 쿡쿡 찔러댄다. 토요일마다 우리는 수업이 끝나고 귀가하기 전에 종례를 위해 운동장에 모였다. 그날따라 그는 내 옆에 섰다. 또 쑤셔댄다. 굼벵이도 구르는 재주가 있고, 지렁이도 밟으면 꿈틀한다는 데, 계속 당하고 있으려니 안되겠다 싶었는지 기어이 그에게 선전포고를 하고 말았다. 가슴은 콩닥콩닥, 마른침을 삼킨다. 눈을 내리깔고 일갈한다. 에라, 이판사판이다.

"개새끼, 너 이따 집에 갈 때 만나!"

고양이에게 쫓기던 쥐가 돌아서면서 "나 약 먹었어, 어쩔래!" 하고 배를 내밀었을 때 고양이 반응은 어떨까? 아마 비실비실 자리를 피하지 않을까.

HY씨는 약 먹은척했던 쥐였고, 고◯◯은 꼬리를 내리고 도망친 고양이였다. HY씨는 전투에서 상수(上手)라고 일컬어지는 '싸우지 않고 이기는' 쾌거를 이루었다. 부당한 깽판에 대항하는 전략은 두렵지만 맞섬으로써 해결의 실마리를 얻을 수 있음을 HY씨는 일찍이 터득한 것이 아닐까. 자기 역사를 기록하는 작업을 하지 않았다면 그런 소중한 자산이 자기 안에 잠재되어 있음을 어찌 알 수 있었겠는가? 과거를 바꿀 수는 없지만 해석은 바꿀 수 있다는 것을 입증한 셈이다.

기록 사례 3 강냉이떡과 검정 고무신

한국전쟁 이후, 하루 세끼를 챙겨 먹는 것조차 사치였던 시대에 원조 물품 중 옥수수는 선망의 곡물이었다. 당시 학교에서는 점심 급식으로 강냉이떡(옥수수빵)을 학생들에게 나눠 주곤 했다.

우리는 난생처음 먹어보는 노랗게 익은 옥수수떡을 실컷 먹어보는 게 소원일 정도로 그 떡을 학수고대했다.

학교 급사가 강냉이떡을 쪄서 적당한 크기로 균일하게 잘라, 한 덩이씩 나눠 주었다. 그런데 아무리 크기를 균일하게 잘랐어도 사람이 하는 일이라, 약간씩 차이가 나기 마련이었다. 우리는 조금이라도 큰 덩어리를 받고 싶어 했다. 작은 덩어리가 자기 몫이 안되기를 불안한 마음으로 바라지만 어쩌다 가장자리에서 잘린 작은 덩어리가 나한테 주어지는 날은 정말 재수없는 날이라고 투덜대기도 하였다.

글쓴이 HY씨는 그의 국민학교 시절 점심 급식으로 옥수수떡을 먹었던 일을 리얼하게 표현하고 있다. 한국전쟁 이후 배고팠던 시절 대한민국은 한동안 유엔으로부터 식량 원조를 받는 나라로 지냈다. 원조 곡물 중 가장 큰 비중을 차지한 것이 옥수수였다.

배고픈 아이들에게 옥수수떡 한 덩이는 소중한 먹거리였을 것이다. 더구나 옥수수는 먹어본 적이 없는 곡물이라 더욱 그랬을 것이다. 사실은 지금도 이스트로 부풀려 쪄낸 노란 옥수수 빵은 먹음직스럽다. 남에게 지원받은 물품이 풍족할 리가 없다. 그러니 늘 한정된 옥수수 가루로 아이들이 실컷 먹을 수 있을 만큼 빵을 만들 수 없었다. 그러니 항상 주는 자와 받는 자의 간극이 늘 존재했다. 더 먹고 싶은 아이, 제한된 물자를 가진 공급자의 아쉬움 같은 것!

기록 사례 4 깨진 어금니

땔감을 팔로 안고 가져가기에는 너무 많아 보였는지, 동네 형이 칡으로 묶어가라고 일러주었다. 칡넝쿨을 찾았다. 산 경사면에 엄지손가락 굵기의 칡넝쿨이 눈에 띄었다. 넝쿨을 끊으려 손으로 당겼으나 웬걸, 끊기지 않는다. 몇 번 구푸려 꺾은 다음 다시 당겼는데도 요지부동이다. 어금니를 동원했으나 껍질만 조금 벗겨질 뿐 잘리지 않았다. 이번에는 어금니로 넝쿨을 꽉 깨물어 고개를 이리저리 흔들며 힘껏 당겼다. 그럼에도 아무런 변화가 없었다. 좀 쉬다가 다시 달려들어 넝쿨을 물고 표범이 먹이의 목을 물고 흔들듯 사정없이 흔들었다. '뚝' 하는 소리가 들렸다. 고개를 들어보니, 칡넝쿨은 그대로이다. 아뿔싸, 이를 어쩐다! 왼쪽 아래 어금니 하나가 깨져 나간 게 아닌가.

50년대에 태어나 60년대를 통과했던 MS씨의 아픈 역사에 대한 기록이다. 당시는 땔감을 주로 산에서 조달해야 했다. 필자 역시 늦가을에서부터 겨울까지 땔감을 구하기 위해 산과 들을 헤매고 다닌 적이 있다. 땔감 종류는 주로 베어낸 소나무 그루터기나 떨어져 솔잎이다. 소나무 그루터기는 곡괭이로 캐내었고, 솔잎은 갈퀴로 긁어모은다. 그것들은 등짐으로 운반한다. 허리가 쉴 날이 없었다. 그래서 농촌의 할머니 할아버지들은 대부분 허리가 굽어있다.

나무를 베어 땔감용으로 사용하는 사람들이 많아지면서 강산은 민둥산으로 변하기 시작했다. 그러자 당국은 민둥산이 홍수 때 산사태의 원인이 된다는 이유로 벌목을 금지하기 시작했다.

칡넝쿨 껍질을 벗겨 안을 두드려 으깨어 보면 심줄 같은 가는 줄기들이 촘촘히 들어차 있음을 확인할 수 있다. 그래서 쉽게 끊기지 않는 것이다. 오래된 넝쿨일수록 질김의 강도는 더 높아, 쇠심줄이 된다. 그걸 이빨로 물어뜯어 자르기는 쉽지 않다. 여린 이빨이 어찌 그걸 감당하겠는가. 더구나 무리하게 넝쿨을 깨물어 당기다 보니 이빨이 부러진 것이었다.

기록 사례 5 상처_1

소양강 상류 인북천이 흐르는 강둑에 한 아이가 세발자전거를 타고 있다. 그때 강가에서 어린 아기를 등에 업고 빨래하던 여인이 크게 외친다.

"○○아 가만히 있어라!"

그 소리가 떨어지기 무섭게 아이는 강둑에서 굴러떨어진다. 첫 번째 상처는 이렇게 생겼다. 강둑 위에서 떨어진 나는 왼쪽 팔꿈치가 골절되었다.

JH씨는 부친이 직업군인으로, 특성상 잦은 이사를 해야 했다. 그의 자기 역사 쓰기를 보면 이사하여 머물렀던 곳에 대한 기록이 유난히 많다. 그럼에도 불구하고 쉽게 적응하고, 즐겁게 보낸 어린 시절의 이야기를 담고 있다. 특히, 그는 여러 육체적인 상처를 겪었던 일들에 대한 기억을 더듬어 기록한 것이 이채롭다.

위의 글은 그의 부친이 강원도 인제군 인근의 전방에서 군생활을 할 때 겪었던 육체적인 상처를 기억하며, 사건을 기록한 것이다. 그는 팔꿈치 골절로 첫 번째 육체적인 아픔을 맞이해야 했다.

나 역시 어렸을 때 고구마 이삭을 다니다가 돌담을 넘다 넘어져 왼쪽 팔이 골절되는 아픔을 경험했다. 평상시 연결된 뼈가 서로 어긋나 헐거워진다는 것은, 통증 그 자체다. JH의 고통을 이해할 수 있겠다.

아들의 아픔을 지켜봐야 하는 부모의 찢어지는 마음은 자신이 부모가 되었을 때 비로소 이해가 되는 법이다. 그러므로 경험해 보지 않은 일에 대해 "충분히 이해한다"는 말을 쉽게 해서는 안된다.

기록 사례 6 상처_2

재잘재잘.

떠들고 소란했던 초등학교 1학년 교실. 나는 왜 그때 교탁 앞으로 불려 나갔는지 기억이 없다. 함께 불려 나간 아이들이 나란히 칠판에 손을 짚고 엉덩이를 내민 채 서 있었다. 덩치가 작은 아이들이라서 아마도 한꺼번에 몽둥이를 내리친 것 같다. 그런데 나는 하필 허리를 맞았다. 그날 집에 와서 방바닥에 앉았는데 견딜 수 없을 만큼 통증이 깊었다. 이후 특별한 치료 없이 세월이 흘렀고, 나는 지금도 후유증에 시달리고 있다.

요즘 같으면 신문이며, 인터넷 매체들이 뜨겁게 달궈질 정도로 심각한 교실 안의 일들이 당시에는 아무렇지도 않게 넘어갔다. 대표적으로 체벌, 구타 유의 것들이 그랬다. JH씨의 글에 담긴 내용으로 미루어 아마도 친구들끼리 심한 장난을 치다 담임 선생님에게 재수 없게 걸려든 모양새다. 평소 같으면 그저 그렇게 넘어갈 만한 일도 그날의 선생님 컨디션에 따라 판단의 기준이 달라진다.

필자가 운동회를 싫어했던 이유 중 하나는 연습 과정에서의 체벌 때문이었다. 오와 열이 비뚤어졌다고, 손을 힘차게 안 흔들었다고, 목소리가 작다고 맞는 일이 다반사였다. 왜 선생님들이 그렇게 때리는 걸 좋아했는지 모르겠다. 사실, 맞는 우리 역시 그것을 당연시 여겼을 뿐만 아니라, 부모님들도 자녀에 대한 모든 훈육을 선생님들에게 맡겼으니 체벌이 문제된 적은 거의 없었다.

그럼에도 불구하고 JH씨의 사례는 좀 심하지 않았나 싶다. 허리가 다칠 정도로 몽둥이가 좀 굵었던 것 같다.

기록 사례 7 상처_3

학교에서 소방용 방화사를 장난삼아 방화수에 넣다가 선생님께 적발되었다. 함께했던 친구들과 나는 부리나케 도망을 쳤으나, 하필 내가 붙잡혔다. 나는 두려운 마음에 선생님의 손아귀에서 벗어나려고 발버둥을 쳤다. 발버둥을 칠수록 당김은 더 세졌다. 그러다 어느 순간 형언할 수 없는 아픔이 느껴졌다. 이런, 귓바퀴가 찢어진 것이다. 너무 아프고 창피했다.

이 이야기는 JH씨의 초등학교 3학년 시절의 사건이다. 장난삼아 방화용 모래를 방화수 통에 넣다가 선생님에게 발각되어 혼나는 장면이다. 누구든 한 번 쯤은 겪었음직한 일이다. 이 글로 미루어 JH씨는 어지간히 개구졌을 것으로 짐작이 간다. 유독 우리는 농업시대를 관통했던 세대로써 동네 친구들끼리 작당하여 참외 서리 · 수박 서리 · 복숭아 서리 · 고구마 빼떼기 서리가 많았다. 동작이 굼떴던 나 역시 고구마 빼떼기 서리를 하다 주인에게 붙들려 부모님 앞으로 끌려가 호되게 곤욕을 치룬 적이 있다. 다 지난 추억이지만 그때의 나이로써는 감당하기 어려운 문제였다. 어쨌든 JH씨가 겪은 세 번째 상처는 이렇게 지났다.

기록 사례 8 상처_4

오른손 검지 부근에 원인을 알 수 없는 염증이 발생했다. 처음에는 조금 부어오르기 시작해서, 혹시 타박상이 있었나 싶어 파스를 붙이고 며칠을 보냈다.

(중략)

너무 당황한 아버지와 나는 전북대 병원으로 가서 그날로 수술을 받았다. 마취도 없이 오른손 검지 윗부분의 손등을 칼로 째고 강한 압박을 하는 순간 뜨거운 액체가 흘러내렸다. 기억이 너무 선명하다. 일주일 정도 지나 퇴원했다. 시간이 흘러 깁스를 풀고 나서 알게 된 사실, 아뿔사! 손가락이 짧아져 있는 게 아닌가.

어린 나이에 겪은 큰 사건이다. 충격이었겠다. 그는 지금도 필기를 할 때 주변에 사람들이 있으면 긴장한단다. 우리가 어렸을 때는 왠

만한 상처는 그냥 참고 지냈다. 약이라야 옥시풀(소독제)이나 아까징끼[18]을 바르는 게 전부였고, 그러다 보면 상처가 덧나 고생을 하기 일쑤였다. 낳은 후에 보면 때로는 아픈 부위가 뒤틀려 있는 경우를 많이 본다. 필자의 경우, 왼손 중지가 그랬고, 고르지 못한 치아 등은 모두 제때 치료를 하지 않아 생긴 결과물들이다.

그런 면에서 보면 JH씨는 괜찮은 편에 속한다. 내 주변에 종합병원이란 꿈속에서조차 볼 수 없었던 거대한 신기루였다. 왜 그리도 종기는 잘 생기는지. 오른쪽 이마와 뒷덜미에는 아직도 크게 종기 자국이 선명하게 남아 있다. 종기 정도는 충분히 곪을 때까지 기다렸다가 엄지손가락으로 눌러 짜는 게 큰 지혜(?)로 통용되었던 시절, 우린 그렇게 시대를 통과했다.

기록 사례 9 상처_5

JH씨의 '상처' 에 관한 에피소드는 계속 이어진다. 여느 남자애들처럼 그도 역시 개구쟁이로서는 같은 과였다 보다.

초등학교 6학년 어느 겨울날 엄마를 따라 쌀을 사러 가게에 갔다. 엄마가 주인과 흥정하는 사이 높게 쌓인 쌀가마니에 호기심이 생긴 나는 다람쥐같이 기어올랐다. 쌀가마니를 딛고 재미있게 이리저리 폴짝폴짝 뛰어다니기 시작했다. 그런데 발을 헛디딘 결과는 참혹했다. 오른쪽 눈썹 부위에 큰 상처가 생겼다. 상처가

18) 일본어로 '붉다'라는 형용사 '아까(적, 赤)와 팅크/정기(알콜에 녹인 약물)의 일본식 발음은 징끼(정기, 丁幾)의 합성어

좀 깊어, 초등학교 졸업사진에는 붕대를 붙인 모습으로 박혔다. 아직도 나는 오른쪽 눈썹 부위에 그때의 상흔을 간직하고 있다.

이 대목을 쓰면서 설핏, "사내 아이들이 육체적 상처가 없는 상태로 어린 시절을 보낸다는 것은 쉽지 않은 일이겠구나." 라는 생각에 나의 의식이 머무른 적이 있었다.

필자는 딸 둘을 길렀다. 살림살이가 여의치 않아 신림7동 산동네에 살았던 적이 있었다. 그곳은 경사가 가팔라서 계단식으로 만든 좁은 길들이 복병처럼 어린아이들을 위협했다. 어느 날 그 위협들은 기어이 현실화되었다. 울퉁불퉁하고 거친 시멘트 바닥은 붕붕카를 타다 구른 내 아이의 여린 얼굴에 깊은 생채기를 냈다. 성인이 된 지금도 그 상처 자국은 불쑥불쑥 예고 없이 출몰하며 아비의 마음을 할퀴고 지나간다.

"모든 게 못난 아비 탓이지!"

JH씨의 부모인들 다를까. 아들의 얼굴에 난 상처는 그의 어미의 가슴에 깊이 새겨진 주홍글씨로 남았을 것이다. 우리가 어미가 되고, 또한 아비가 되고 보니 내 이마빡에, 내 곪은 목덜미 종기에, 내 곪은 손가락에, 내 아픈 배때기에 말없이 신음하고 흐느꼈을 내 어미 아비의 아픔과 지금 내 아픔이 딱 겹침을 확인한다. 우리는 누구든 예외 없이 그렇게 세대를 밀어내며 살아가는 것이다.

기록 사례 10 상처_6

어느 날부턴가 양쪽 무릎에 통증이 왔다. 진찰 결과, 무릎뼈가 바스라졌단다. 원인은 알 수가 없고, 깁스를 해야 한다는 거다. 좀 더 심한 쪽을 먼저 하기로 하고 절뚝거리며 다녔다. 자전거로 등교와 하교를 했던 나는 앞이 캄캄했다. 그때 같은 방향에서 출·퇴근하셨던 김희창 선생님께서 오토바이로 태워다 주시는 바람에 무사히 학업을 계속할 수 있었다. 그 후로 나는 격한 운동보다 걷기를 좋아하게 되었다.

JH씨의 상처 관련 에피소드는 글쓰기 소재를 풍부하게 하지만 당시의 암담함은 두려움으로 다가왔을 법하다. 그는 어미·아비의 근심의 씨앗인 것처럼, 잊을라치면 방출하는 근심덩어리 보관창고인 듯하다. 위 사건은 중학교 2학년 때 겪었던 사건이다. 우리는 간혹 소아마비 동료를 업고 등하교를 함께 한 동료의 미담을 접하고는 감동하는 경험을 한다. 그 등장인물을 JH씨의 사례에서 만난다. 그런 의미에서 보면 우리는 광야 같은 삶을 살지만 세상은 아직도 살아볼만한 곳이 아닐까 싶다.

필자가 첫 직장을 사직(辭職)하고, 수유리 자취방에서 단조롭고 궁박했던 시기에 주인집의 배려와 동네 교회 믿음의 형제들이 보여준 애정어린 관심 덕분에 지금의 내가 존재하고 있다. 나는 영락없이 그들에게 빚 진 자다. 그들이 지금 어디에 흩어져 사는지 나는 알 길이 없다. 그러니 나는 그들로부터 받은 은혜를 오늘날 누군가에게 갚아야 할 의무가 있다.

기록 사례 11 상처_7

어느 추운 날 경기도 고양시 덕양구 화전에 있는 수색대대 앞 임시 거처에서 아버지 그리고 고등학교 졸업을 앞둔 둘째 누나와 함께 잠시 생활하게 되었다. 첫날 나는 연탄가스에 중독이 되었다. 머리는 어지럽고 구토가 나왔다. 그런데 처방이랍시고 한 일이란 고작 김칫국물을 마신 것이 전부였다. 중독 이후 머리가 무겁고 집중력이 떨어지는 후유증이 있었으나 병원 치료 없이 약국에서 비타민 처방만 받았다. 이때의 후유증으로 나의 고교 생활은 묵직하고 진득한 두통으로 엉망이 되었다.

JH씨는 안타까운 사건에 자신이 노출되는 또 하나의 비극을 기록하고 있다. 이 글은 당시의 허술했던 난방관리의 상황을 대변하는 대목이다. 연탄가스는 소리 없는 살인자다. 현재의 난방 문화 이전, 주요 땔감이 연탄이었던 시절이 꽤 길었다. 자고 나면 신문 사회면에는 거의 매일 연탄가스 중독 관련 기사가 실렸다. 갈라진 구들장 사이로, 벌어진 문틈으로, 또는 아이가 재미삼아 손가락으로 뚫어놓은 문풍지 구멍으로 그놈은 소리 없이 밤새 사람의 숨구멍을 드나들며 혈관을 파멸시키는 것으로 한 가족의 대를 끊어놓는다. 연탄가스는 오랜 세월 가난한 세대들에게 비극을 안겼다. JH씨 역시 소리 없는 살인자에게 시대의 희생 제물이 될 뻔하였다.
연료가 석유와 전기로 대체되면서 연탄가스 사망 사고도 잦아들었다.

06

먼저 간 이들에 대한 추념

죽음의 문제 역시 자기 역사 쓰기를 하면서 그냥 건너뛰기 어려운 주제 중 하나이다. 죽음이란 항상 개별성이다. 수천 명이든, 수만 명이든 모든 죽음은 각자 개별로서의 문제다. 거기에 죽어야 마땅한 개체란 없다. 생명은 그 자체로 존귀하기 때문이다.

가까운 이들의 죽음은 항상 아직 이승에 머물러 있는 존재들에게 삶이 경각(頃刻)에 이르렀음을 일깨운다. 그럼에도 불구하고 아직 호흡이 가쁘지 않고, 삼시 세끼 잘 먹고 호흡에 지장이 없다는 이유로 우리는 어제와 똑같은 일상으로 자각 없는 염치로 시간을 소모한다.

장의사 말고 사람의 '죽음'에 익숙한 사람이 있을까. 장례식장을 수없이 드나들어도 '죽음' 앞에 머리를 숙이는 모든 산 자들에게 그것은 항상 낯설게 다가오는 고유명사다. 모든 이들은 무덤의 대기자들이다. 일반적인 의미에서 맛집 앞에, 또는 인기 있는 단지의 아파트 분양 모델하우스 앞의 대기행렬은 선착순이라는 성격이 강한데, 사람들은 유독 죽음의 대기선 만큼은 선듯 합류하기를 꺼린다.

나에게는 믿어지지 않고, 잊혀 질 수 없는 몇 개의 죽음이 있다. 믿어지지 않는다는 뜻은 급작스럽다는 것이요, 잊혀 질 수 없다는 것은 나에게 그만큼 큰 무게로 다가왔다는 의미이다.

첫 번째는 어렸을 때 보았던 동네 꼬맹이의 죽음이요, 두 번째는 초·중학교 동창, 세 번째는 대학동기, 네 번째 직장동료의 죽음이다.

기록 사례 1 우물에서 건져 올린 주검

어느 날 기어코 사단이 났다.

동네 꼬맹이가 동네 식수용 우물에 빠져 죽었다. 설상가상으로 폭우 뒤에 얼마 안 된 때라 물길 또한 깊었다. 얼추 15m 이상은 되지 않았을까 싶다. 남자 잠수부가 동원되었다. 그러나 흙탕물로 가득 차 있고, 밑바닥은 뻘이며, 중간지대는 수초로 얽혀져 있는 100여 평은 족히 되는 물속을 샅샅이 뒤지는 것은 보통 어려운 일이 아니었다. 남자 잠수부는 기진하여 결국 아이를 건져 올리기를 포기했다. 아이 엄마가 나섰다. 내가 알기로 그녀는 물질에 익숙한 여인이 아니었다. 그러나 어쩌랴! 아이를 건져 올릴 사람은 자신 밖에 없는데. 절박한 심정으로 몇 번을 잠수하더니 기어이 아이를 건져 올렸다. 시신은 배가 불룩하고, 주검은 검푸르렀다. 엄마는 오열을 한다. 다섯 아들 중 하나를 먼저 보내는 엄마의 가슴은 천갈레 만갈레로 찢어진다. 우리는 친숙한 꼬맹이를 잃는 아픔을 겪어야만 했다.

그럼에도 우리는 다음 날부터 그 물통의 물을 길어 식수로 사용했다. 밥을 짓고, 국을 끓이며, 목이 마를 때 그 물을 마신다.

우린 그렇게 살았다. 그런데 신기하다. 그런데도 배앓이가 없다니! 그 물통은 여전히 우리의 놀이터였다.

HY씨의 자기 역사 쓰기 기록물에서 인용한 내용이다. 필자가 마주한 첫 번째 주검이었다. 당시에는 집집마다 식구가 적지 않았다. 필자의 가족은 형제가 무려 아홉이었고, 거기에다 아버지 어머니를 더하면 식사 인원은 11명이 되었다. 웬만한 직장에서 한 개 팀의 회식 인력보다, 때로는 소기업 전체 직원 회식 인원을 능가하는 숫자다. 우리는 그렇게 복작대고, 부대끼면서 살았다. 다행히 적은 나이로 저승에 내어준 식구는 없었다.

상수도가 없었던 시절, 우리는 위생 처리된 물을 먹을 수 없었다. 식수용 우물과 화장실은 기껏 돌담 하나 차이였고, 빨래터와도 그 정도의 구분에 불과했다. 그러니 방금 전 사람이 빠져 죽은 우물물을 아무 거리낌 없이 마셨던 것이다.

생수를 마시고, 수돗물을 아낌없이 쓰고..., 오늘날 나는 행복하다. 때로는 이런 생각에 젖는다.

"이렇게 행복해도 되나? 이렇게 호사를 누려도 되나?"

어떤 때는 이 누림이 끝날지도 모른다는 불안에 빠지기도 한다. 깨끗한 한 모금의 물로도 이렇게 기뻐할 수 있다니!

기록 사례 2 고압선에 걸린 주검

몹시도 추운 날, 친구들과 함께 그가 묻혀있는 곳으로 갔다. 지대가 높고 비탈진 곳이라 군데군데 눈이 쌓여 있다. 바람이 매섧고 차다.

"이 사람아, 이 추운 날 왜 여기에 있는가. 이게 뭔가 도대체! 그동안 만나지 못하다가 이런 모습으로 만나야 하는가. 친구들이 왔네. 좀 일어나 보게."

그는 나와 초·중등학교 동창이다. 중학교 졸업 후 그는 공업고등학교로, 나는 우리 마을의 상업고등학교로 진학했다. 그리고 고교 졸업 후 그는 전문대학으로, 나는 1년 재수 후 대학 합격통지를 받고 입학을 기다리고 있던 차 그의 사망 소식을 들었다.

그는 이미 무덤 속 저편, 지평선 넘어 아득한 본향(本鄕)에 있었다. 겉으로 본 무덤은 헐거워 보였다. 목구멍을 타고 무겁게 올라오는 슬픔을 삼키며 우리는 만들어진 지 얼마 안 된 봉분 위에 소주를 뿌렸다. 그는 자취방 창가에 드리워진 고압선을 잘못 건드려 감전사했다.

"이렇게도 죽는 거구나!"

겨울의 태양은 쉬이 이지러진다. 태양 빛이 어둠에 빼앗기기 시작할 즈음에 우리는 비탈을 휘감는 칼바람에 낯을 베이며, 차가운 흙에 둘러싸여 흑암의 두려움에 홀로 지낼 친구와 작별하였다.

지금은 그가 묻힌 곳을 알 길이 없다.

언젠가부터 주변의 친구들이 하나씩 그가 이미 차지한 곳으로 가고 있다. 그의 무덤에 함께 소주를 뿌렸던 친구 Y가 이승을 떠났다고 초등학교 동창회 단톡방에 떴다.

"세월이 쏜살같구나."

기록 사례 3 스스로 버린 삶 1

그를 만나지도, 소식을 듣지도 못했다. 그를 잠시 잊고 있었다. 대학 친구들과 어울려 무질서하고 생산성이 떨어지는 소일거리로 시간을 죽이면서 생활하다 보니 어느새 1학년 겨울을 넘겼다. 봄이 되고, 새 학기가 시작되었으나 콩나물 안주에 막걸리에 젖어 사는 우리들의 시간은 여전했다. "어차피 3학년 때 군대 갈 건데, 공부는 무슨..." 이라는 그럴듯한 의견에 공감하는 가까운 친구들이 늘 모여들었다. 친구 J는 이제 나의 뇌리에서 지워졌을까?

그의 초등학교 친구가 전한다. 그가 고향집에서 자살했단다. "이건 또 무슨 빌어먹을 시츄에이션이란 말인가?" 결국 그는 자유의지에 따라 이승을 먼저 떠난 청춘이 되었다. 무엇이 그를 그토록 세상을 살 수 없는 행성으로 생각하도록 했을까. "사탄이다. 분명 마귀, 그놈의 짓이다."

위의 글 역시 필자의 자기 역사 쓰기에 기록된 대목이다.

감성에 젖어 살았던 시기, 그때는 죽음도 아름다운 청춘 활동 중 하나로 보였다. 필자도 그런 유의 터널을 건넜다. 죽음의 사건은 대부분 이루지 못한 남녀 관계에서 비롯되는 경우가 많았다. 셰익스피어의 로미오와 줄리엣에 아파했고, 에릭 시걸의 러브스토리에 안타까워했다. 그리고 때로 동경하기도 했다.

살아온 세월이 충분히 쌓인 지금, 회고해 보면 아무것도 아닌 일인데도 왜 그땐 그게 세상의 모든 것으로 다가왔을까. 죽음의 사신은 늘 때 묻지 않은 순수한 열정을 노린다. 밥벌이에 영혼을 팔아야 하고, 수많은 광야를 지나야 하는 노회한 인생들에게 자살을 충동질 하는 사탄의 그림자는 얼씬거리지 않는다. 상대할 수 있는 대상이 아니란 걸 알기 때문이다.

'생명'이란 그 자체로 존귀한 것이다. 청년기까지는 귀찮고 하찮은 존재로 여겼던 개미며, 지네, 지렁이, 각종 벌레들조차 이제는 모두 귀한 생명을 가진 개체들로 보인다. 그래서 무심코 밟으면 한동안 죄책감에 빠진다.

기록 사례 4 스스로 버린 삶 2

이룰 수 없는 사랑이 그 친구 앞에 놓여 있었던 것일까? 어느 날 그의 죽음에 대한 소식이 전해졌다. 2학년 봄의 일이다. 친구들 얘기로는 영문학과 어떤 여학생을 연모하다 이룰 수 없어, 술을 먹고 한밤중에 서부두 방파제 바다에 뛰어들었다는 거다. 친구들이 그의 사망 소식에 어쩔 줄 몰라 했다.

"아니, 며칠 전에 나랑 같이 서문시장에서 술 먹어신디!" 등등, 그와 최근에 만나서 나눴던 장면들을 쏟아냈다. 아무도 그가 그런 극단적인 결정을 할 거라곤 생각지 않았다. 그도 그럴 것이, 우리는 모이면 미래와 꿈을 얘기하고 서로의 고뇌에 공감하고, 위로하면서 청춘의 즐거움을 누려왔다. 그런데 자살이라니! 말도 안 되는 얘기다.

문상하고, 그와 아쉬운 작별을 하고, 산 자들은 일상으로 돌아가고...

위의 글 역시 필자의 자기 역사 쓰기에 기록된 내용 중 일부이다. 이 글을 쓰는 지금, 당시의 장면이 빛의 속도로 다가와 현재인 듯 생생하다.

그래서 그의 이름이 '연홍(?)' 이었나. 함께 수업을 듣던 강의실 뒤쪽 그의 책상과 의자가 저만치 쓸쓸하다.

사랑이 집착으로 변하는 순간 난폭해지고, 사고 위험도가 높아진다는 것을 오늘날 각종 매체를 통해 알게 된다.

그의 손에는 늘 영어책이 들려 있었다. 현실과 이상 사이에서 고뇌가 많았던 청춘들의 캠퍼스는 세월의 나이테와 함께 저물어 갔다. 이제, 우리는 누군가의 죽음에 대한 소식으로 감정의 높낮이가 크게 차이가 없을 만큼 무딘 나이다. 기쁨과 슬픔의 차이가 얇은 종이 두께에 불과해지는 나이, 우리는 모두 잠시 소풍을 만끽하고 떠나는 나그네일 뿐!

기록 사례 5 막연한 기대로 날려버린 삶

세상과의 이별을 일주일 정도 앞둔 시점에 그의 배우자로부터 연락이 왔다.

"와서 기도 좀 해 주세요."

저녁 시간에 아내와 그의 집으로 향했다. 침대에 누워있는 그의 얼굴색이 노랗다. 급격히 병세가 악화된 것이리라.
아직은 목숨줄이 남아 있어 나와 아내를 알아본다. 애처롭다. 또 이별 준비를 해야 한다. 1년 전엔 나보다 한 살 아래인 큰처남, 그리고 2년 전에는 장인어른을 보냈는데...

"이제, 또 정든 자와 또 하나의 이별을 목전에 두고 있다니."

간단히 기도를 끝내고 그의 집을 나섰다.
죽은 나사로를 살리신 나사렛 예수의 손길(요한복음 11:43-44)은 그에게 임하지 않으셨다. 3일 후, 죽음을 알리는 카톡 문자메시지가 떴다.

그와 필자는 30년 지기였다.

머리가 좋았으며, 그림을 잘 그렸고, 명강사에다 프리젠테이션에 탁월했다. 유별난 것은 건강관리 분야(한방분야)에 관심이 많아 일찍이 관련분야 책을 쓰기도 하였다. 그런데 아쉽게도 자신의 건강을 관리하는 데는 무지함을 보였다. 세상을 떠나기 2~3년 전부터 먹은 것이 소화가 안되어 설사를 하기 시작했다. 장에서 영양 흡수가 안되니, 갈수록 야위어 가는 모습이 확연했다. 보통 사람이면 당연히 병원에 갔을 터인데, 그는 대체의학으로 치료하는 길을 택했다. 그게 화근이었다. 그에게 여러 번 병원행을 권유했으나, 귓등으로 듣고 넘겼다. 두렵고 귀찮다는 이유, 단지 그 하나 때문이었다.
막연한 희망에 기댄 채 그는 현대의학이 주는 치료의 혜택을 거부했다. 이승과 작별하기 한 달 전에야 병원을 찾았으나, 여러 장기(臟器)로 전이된 암의 뿌리에 담당 의사는 치료를 거부했다.
맘 편히 함께 밥 먹을 친구가 사라졌다.
낙엽 지는 계절이면 소슬(蕭瑟)바람을 타고 다가오는 그의 목소리가 귓전을 맴돈다.

"김 박사님, 점심에 추어탕 어떠세요?"

기록 사례 6 별이 된 그대

2011년 5월 10일.

아내는, 부처님 오신 날 밤에 미시령 휴게소에서 두 아이들을 이승에 남긴 채 또 다른 삶의 자리로 옮겼다.

안타까움과 눈물을 뒤로하고, 하늘에 외치듯 타오르는 불꽃 되어, 나와 해로하지 못하고 마흔일곱의 삶을 정리했다.

그녀는 내겐 사랑하는 아내이자 치열한 비판자이며 동지였다.

(중략)

잘 가거라 그대
치열했던 나의 동지
유일했던 벗
미안하구나. 끝까지 지켜 내지 못해서...

젊은 아내를 먼저 보내는 YG씨의 절규를 담은 글이다. 둘은 부부이면서 사회활동의 동지 관계이기도 했으니, 그 상실감이 더욱 컸을 것이다. 언젠가는 죽음의 개별성 앞에서 숨죽이며 서 있을 인생이지만 너무 이른 이별은 늘 낯설고 처연하다.

YG씨는 성공회 사제다. 긴 세월을 아내와 함께, 힘없고 낮은 자리에서 힘겹게 사는 인생들을 위한 삶을 살아왔다. 특별히 장애인들을 위한 생활공동체를 꾸려 그들을 섬기는 일에 헌신해왔다. 그에 비해 필자는 그들의 생각의 깊이를 헤아릴 수 없을 만큼 비루한 삶을 살아 온 듯하다. 그런 분들을 존경하면서도 따라 하기는 싫기도 하거니와 도저히 따라 할 수 없다는 데 대해 좌절을 느낀다.

기록 사례 7 뇌경색으로 삶을 정리하시다

아버지.

아버지는 내가 고등학교 2학년 때인 1986년 1월 1일부터 하남종합개발(주) 관리소장을 시작하여 미주실업(주), 중소기업중앙회관, 한국경비서비스(주) 등에서 근무하셨다.

제대를 앞두고 복부비만이셨던 아버지는 관리소장으로 일하시면서 체중이 더 크게 늘었다. 복부비만은 필경 성인병으로 연결된다. 1997년 뇌경색을 시작으로 2006.7.25.(66세)까지 무려 10년을 투병 생활로 지새우셨다. 불과 66년을 사셨을 뿐이니, 우리나라 평균 수명에도 훨씬 못 미치는 수준이다. 거침없이 활동하시던 당신께서 신체적 자유를 누리지 못한 채 그 긴 세월을 지루하고, 때로는 지겨워하시면서 그렇게 보내셨다.

JH씨의 자기 역사 쓰기인 『철부지 인생』의 내용이다. 66년은 아무래도 아쉬운 소풍길이다. 더구나 10년을 거동하기 어려운 상태로 보냈으니, 제대로 세상을 구경한 기간은 56년에 불과했다. 그 10년의 이면은 굳이 들춰 보지 않아도 가솔(家率)들에게는 고통의 시간이었을 것이다.

우리는 관계의 가치에 대해 일찍 깨달아야 한다. 나이 들수록 엮이는 관계의 수가 많아지게 마련이다. 가깝게는 가족·부모·형제에서부터 사회생활을 하기 위해 피치 못하게 맺을 수밖에 없는 관계 등등.

건강한 관계를 유지하는 데 최우선적으로 챙겨야 할 것은 건강과 재정이다. 주변이 고통스러워하는 현장의 대부분은 그 두 가지가 피폐해져 있음을 어렵지 않게 확인할 수 있다.

그런저런 속세의 복작거림이 싫어 일찍이 자신을 산에 파묻는 사람이 늘고 있다.

07

밥벌이의 희로애락

김 훈 작가의 산문집 『밥벌이의 지겨움』을 떠올렸다. 제목이 그래서 그렇지 산문집이라 밥벌이의 지겨움에 관한 내용은 52개 제목 중 하나이며, 그것도 꼴랑 4쪽에 불과했다. 그나마 건질만한 내용이란 딱 다음 한 구절이었다.

> 예수님이 인간의 밥벌이에 대해서 말씀하시기를 "하늘을 나는 새를 보라. 씨 뿌리지도 않고 거두지도 않거늘 하늘에 계신 아버지께서 먹이시느니라" 라고 하셨다지만 나는 이 말을 믿지 못한다. 하느님이 새는 맨입에 먹여주실지 몰라도 인간을 맨입에 먹여주시지는 않는다.

사실은 크리스천인 나 역시 복음서의 이 구절을 읽을 때마다 쉽게 수긍하기 어려웠다. 수긍하기 어려우니 당연히 이 말씀에 대한 믿음이 생길 리 없다. 인간은 결코 노동의 수고 없이는 먹고 살 수가 없다. 당장 내일 끼니를 위해 오늘 땀을 흘리지 않으면 내일의 밥이 없음은 당연한 이치이다.

필자는 밥벌이 장소를 여러 번 옮겨 다녔다. 대학 졸업 후에는 금융기관, 그곳은 나의 밥벌이에 적합하지 않다는 이유로 2년 6개월 만에 그만두었다. 두 번째는 좀 더 나은 밥벌이 수단을 찾을 목적으로 대학원(석사)을 다녔고, 졸업 후에는 컨설팅 · 기업교육 기관에 다녔다. 그곳에서 10년을 다니는 중에 보다 나은 밥벌이 수단을 또 찾고 싶었다. 그래서 또 공부(박사과정)를 했고, 학위를 받고...

그다음 선택한 밥벌이 수단이 프리랜서였다. 30년 가까운 세월을 그렇게 지내왔다. 지금은 또 다른 밥벌이 수단을 찾고 있는 중이다. 그런데 사실은 김 훈 작가의 책(밥벌이의 지겨움)의 제목처럼이지는 않다. 일이란, 일면 즐겁고 재미있는 구석이 있다는 뜻이다.

살아있는 자들에게 밥벌이는 곧 가족의 생명과 연결되어 있다 보니 치열하기가 그지없다. 그만큼 할 얘기가 많다는 뜻이기도 하다. 밀물과 썰물이 부딪치는 지점에 유독 물고기가 많이 모이는 이유와 한이 많은 인생을 산 사람에게 이야기 보따리가 큰 것과는 같은 이치로 설명이 가능하다. 그래서 남성들은 군대 얘기에 밤새는 줄 모르고, 거기서 축구를 했던 얘기를 지겨워하지 않는 것이다. 자기 역사 쓰기에서 밥벌이에 관한 대목이 빠질 수 없는 이유는 거기에 많은 에피소드가 있기 때문이다. 어떤 내용들로 채워가는지 기록의 사례들을 통하여 나의 쓸거리에 대한 생각을 정리해 보도록 하자.

밥벌이 사례 1 성장이 멈춘 듯한 시간들

은행원.

고삐 풀린 망아지처럼 천방지축 휘젓고 다녔던 지난 4년의 시절은 먼 추억 속의 단막극이 되었다. 정해진 시간에 출근은 하는데, 퇴근은 정해지지 않는 것이 셀러리맨 생활이 아니던가. 당시의 근무형태는 주 5.5일, 즉 토요일 오후 1시까지였다. 처음 부여받은 업무는 출납계 공과금 수납업무였다. 전기/전화요금, 수도요금, 각종 국세 및 지방세를 수납하는 일이 주요 업무였다. 때로는 지폐를 동전으로, 동전을 지폐로 교환해 주는 일들도 있었다.

우리 영업점은 돈암동 시장 건너편이라, 손님들이 내미는 돈 중에는 생선 비늘이 묻어있는 경우가 종종 있었다. 지폐는 수 없이 많은 사람들 사이를 옮겨 다니면서 각종 병원균이 가장 많이 묻어있는 물건이다. 나에게 피부병을 옮긴 적도 있다. 특히, 헌 돈에는 먼지가 많다. 그 먼지 속에는 각종 유해한 오물들이 포함되어 있다는 것을 그때는 별로 신경을 쓰지 않았다.

(중략)

직장에 대한 기대가 서서히 붕괴하면서 나의 미래에 대한 불안이 엄습하기 시작했다.

"이렇게 살아도 괜찮은 건가?"

회의적 물음의 횟수가 잦아졌다. 당시 영업점들은 숙직실을 운영하고 있었다. 영업점 셔터를 내리면 일단 외부와는 단절의 공간이요, 직원들만의 시간이 된다. 지점장이 퇴근한 후, 담당하는 마감업무가 끝나는 순서대로 하나씩 숙직실에 모여든다. 가장 먼저는 대리급들이, 그다음에는 고참 계장, 마지막으로 우리 같은 신참 계장 및 주임급들이 모여들어 고스톱판이 벌어진다.

(중략)

음습한 문화에 아무렇지도 않게 젖어드는 그들의 정체는 도대체 무엇인가? 그런 상황에 직면할 때마다 나는 곤고한 자의 자리에 있어야 했다.

"이렇게 살아도 되나?"

모든 성장이 멈춘 듯했다.

대부분의 입사 초년생들이 겪는 것인데, HY씨 역시 첫 직장에 대해 심각한 회의에 빠진 듯하다. 그는 현실과 이상 사이의 심한 갈등 상황에 빠졌다. 육체의 나와 영혼의 나 사이에서 괴로워하고 있음이 역력하다. 비교적 맑은 영혼을 유지하고 싶어 했던 HY씨에게 세속의 사회는 너무도 타락한 공간처럼 여겨졌다. 이런 사람들에게 나타나는 현상이 현실도피적 생각이다. 실제로 그는 직장을 그만두고 외딴곳에서 지내려고 마음먹은 적도 있었다. 그러나 그 방법이 적절치 않다고 판단하여 중간에 퇴직하고, 대학원 입학을 선택하게 된다. 그것으로 자기에게 적합한 밥벌이를 찾고자 했다. 우여곡절 끝에 그는 자신이 원하던 밥벌이를 만난다.

한국생산성본부(KPC)에 입사함으로써 두 번째 밥벌이를 만난다. 다행히 그곳은 그가 바라던 밥벌이의 터전이었다.

밥벌이 사례 2 도약의 기반이 되다

한국생산성본부 입사 후, 10년을 다니면서 나는 많은 혜택을 받은 사람이다. 지식과 기술을 습득할 수 있는 기회로, 훌륭한 인재들과의 교제로, 또한 안정적인 생활 수단을 제공받은 사람으로서 나는 그곳으로부터 빚진 자라고 할 수 있다. 제주의 구석진 마을에서 자라, 그곳의 실업계 고등학교를 나오고, 지방대학을 졸업한 자가 박사학위를 받고, 대한민국 수도의 복판에서 최고 학부를 나온 사람들을 대상으로 강의할 수 있는 영광을 누리고...

그 기반은 패러다임 시프트 덕분이었다. 나의 패러다임 시프트는 30대 중반을 거치면서 다음의 질문을 던지면서 시작되었다.

"50세 이후의 삶을 어떻게 설계할 것인가?"

안정을 누리던 30대 후반의 시기에 나에게 던진 첫 번째 질문이었다.

그리고, "그렇다면 한국생산성본부는 나의 미래를 보장해 줄 수 있는가?"

질문의 힘 중에 으뜸은 '스스로 답을 찾도록 하는 에너지' 가 된다는 것이다. HY씨는 그것을 경험적으로 터득했다. 그래서 심심하면 빈 종이에 생각나는 질문을 낙서처럼 끄적거려 본다. 그러다 보면 상상력이 작동되기도 하고, 하기 싫어 미적거리고 미뤄둔 것들을 행동으로 옮기는 결단의 순간을 맛보기도 한다. 그가 10년을 다닌 한국생산성본부를 과감하게 떠날 수 있는 힘도 질문에서 비롯되었다고 할 수 있겠다.

어떤 직장도 직원의 미래를 충분히 보장하지 못한다. 단지, 미래를 위한 준비의 터전(ground)으로써 역할은 한다. HY씨는 한국생산성본부를 그런 곳으로 인식하고 있다. 그동안 그는 상황을 자신에게 유리하게 해석하고, 활용할 수 있는 역량이 생긴 부분도 있었지만 밥벌이 장소의 풍토가 그와 잘 매칭되는 영역이 분명 있었던 듯하다.

옛 밥벌이 수단이었던 금융권의 풍토는 반복적이며, 경직적이다. 그리고 당시만 해도 입출 업무가 대부분이어서 근무 기간이 늘어남에 따라 학습되고 축적되는 지식과 기술의 양이 초라했다. 단순 반복적인 일에 질려하는 HY씨의 성향상 금융권은 적합한 밥벌이 터전이 될 수 없었다.

HY씨가 한국생산성본부에서 재직 중에 박사학위를 받을 수 있는 집중력을 발휘할 수 있었던 것은 질문에 대해 스스로 답을 찾은 하나의 유쾌하고, 통쾌한 사건이라 할 수 있다. 이로써 그는 다른 밥벌이를 꿈꿀 수 있는 발판을 마련하게 되었다.

밥벌이 사례 3 내가 나일 때 행복하다

"나의 정체성은 뭐지? 나는 도대체 무엇을 좋아하는가?"

변화하는 트렌드에 적응하다 보니, 임기응변적인 대응체제는 잘 작동이 되었지만 다른 한편으로 보면 전문성이 저하되는 딜레마에 빠지는 경험을 하였다.

"왜 그럴까?"

스스로에게 또 질문을 던졌다.

"몰입의 대상을 찾지 못했구나."

오랜 성찰 끝에 내가 나로부터 받아낸 답이다. 그래서 나는 얕았고, 내 브랜드자산(brand equity)이 형성될 토양이 부족했다. 강의할 땐 집중화의 원리(focusing strategy)의 중요성에 대해 떠들면서 정작 나는 전략적이지 못한 장본인이었다. 성과가 없는 것은 아니었으나, 큰 열매를 맺지 못한 것이 못내 아쉽다. 변화를 통하여 작은 열매들을 거둠으로써 가정경제에 보탬이 되기는 했지만 일에 대한 나의 만족 수준은 그리 높지 못했다.

또 다른 하나의 질문.

"왜 그랬을까?"

누군가 만든 이론, 남이 만든 시스템, 남이 싸질러 놓은 지식(조백, 술찌거기)[19]들을 쫓아 헐떡거리며 동냥질해 온 결과다. 나는 그동안 그런 류의 것들에 종속되어, 그게 살 길인 것처럼 추종하며 살아왔기 때문이 아닌가. 말이 좋아 '지식 가공 유통업자' 이지 그동안 나는 남이 만든 지식 혹은 시스템에 기생해 온 것이다. 그래서 그렇게 갈증했나 보다.

연속된 질문.

"그렇다면 앞으로 어떻게 할 건데?"

수년간 구르는 돌멩이로 살아 온 세월을 정리해야 할 때가 된 것 같다. 이제야 몰입해야 할 대상을 찾았다.

"읽고, 쓰고, 말하기"

이게 내 길인 듯하다. 그렇다고 쉬운 길일 리는 없다.

인간이 도달하고자 하는 궁극은 매슬로우의 욕구 피라미드 맨꼭대기 지점이라고 배웠다. 다섯 개의 단계가 순서대로 진행되는 것이라고 할 수는 없겠으나, 어쨌든 인간은 먹고 지낼만 하여 안정된 상태가 되면 또 다른 뭔가를 찾아 나선다. 좀 생각이 있는 인간들은 의미와 가치를 찾는다. 목적지향이요, 그게 사피엔스(sapiens)의 본질이다. 그들이 찾는 것은 바로 정체성(identity)이다. HY씨는 이제 충분히 곰삭은 인생 지점에 온 듯하다. 남이 만든 지식과 관념의 틀 속에서 벗어나, 자신의 이상 속에서 자유를 누리고 사는 삶을 택했다. 그게 바로 자기 방식의 '읽고, 쓰고, 말하는' 삶인 것이다. 그 길은 밥벌이의 크기에 상관없는 자기만의 고독한 길일 수 있다. 그러나 그 길은

---

19) 장자(莊子) 천도편(天道篇)의 '윤편(輪扁)'의 이야기를 참조할 것

로버트 프로스트의 가보지 않은 길이지만 즐거운 여정인 것만은 분명해 보인다.

밥벌이 사례 4 IS의 밥벌이 여정

첫 번째 밥벌이 터전, 농업기술연구소.

1976년(22세) 수원시 서둔동 농촌진흥청 농업기술연구소 정문에 도착했다. "박○ 박사님을 만나러 왔노라" 고 하니, 정문 수위 아저씨가 전화를 바꿔주신다. 통화 끝에 작물실험 연구실로 갔다.

"어떻게 왔는가?"

"예, 저는 방송통신대 농학과를 졸업하고, 대학 편입을 준비하고 있습니다. 공부를 지속하기 위해 아르바이트가 필요한데, 혹시 제가 할 일이 없을까요?"

(중략)

연구실 형들과 누나들은 잘 대해 주었다. 스포이드가 없었던 실험실에, 한번은 시약을 빨대 같은 것으로 입으로 적정량 빨아서 비이커에 소량씩 떨어뜨리는데 그만 너무 힘을 줘서 빨아당기는 바람에 입에 시약이 들어가 입안이 시퍼렜다. 너무 놀라 연구원 형에게 달려갔더니 태연하게 "물에 씻으면 돼" 하는 게 아닌가!

수유리에 사시는 형님댁에서 수원까지 전철로 출퇴근하는 데는 2시간이 훌쩍 넘게 걸렸다. 출퇴근이 점점 힘들다는 느낌이 들기 시작했다.

가끔 당돌한 인생 에피소드를 만나는 것은 통쾌한 일이다. IS씨의 자기 역사 쓰기는 그런 면에서 우리에게 "장애물은 넘으라고 있다"는 격언의 표본이 되기에 족하다. 그는 대학 졸업 후, 첫 밥벌이를 알바로 첫발을 디뎠다. 어떤 연유로 그렇게 시작했는지는 모르지만 스스로의 밥벌이를 위한 그때의 용기 있는 행동은 아직도 그의 뇌리에 깊이 남아 있는 듯하다. 수유리에서 수원까지 전철로 통근했다는데, 젊은 열정이 아니면 할 수 없는 일이었다. 현재 성공한 중소기업 CEO의 역할을 잘 감당할 수 있는 근본적인 역량은 그때 쌓은 내공이 힘의 아닐까 싶다.

필름 사진 현상과 담배포를 겸하는 조그만 가게를 열었다.

부곡동 형님 주택 1층 작은 가게가 딸린 단칸방에 신혼살림을 차렸다. 월급쟁이보다는 사업이 낫겠다는 생각 끝에 카메라 필름 현상과 담배 판매를 겸하는 가게를 인수하여 운영했다.

가게에서 얻은 첫 수입은 7~8만 원 정도였는데, 생활하기에는 턱없이 부족한 액수다. 나는 담배를 온천장에서 자전거로 실어 오곤 했는데, 어쩌다 내가 없을 때는 임신한 아내가 담배 짐을 머리에 이고 운반했다. 이래저래 아내를 고생시킨 결과가 되었다.

자영업으로 눈을 돌렸다. 월급쟁이들이 짜증이 나는 순간, 기웃거리는 게 자영업이다. "아무렴 월급쟁이 보다는 낫겠지!" 하는 가벼운 생각으로 시작했다가 낭패를 보는 경우를 많이 본다. IS씨 역시 비슷한 생각으로 시작했을 것이다. 그런데 첫 수입이 7~8만 원에 그쳤으니 실망이 컸을 것이다. 업종의 특성으로 미루어 크게 수입을 늘릴 수 있는 업종은 아니었다. 모든 경험은 과정을 통하여 배움의 기회가 되는 법이다. 그래서 우리의 삶은 결과의 좋고 나쁨에 관계없이 버릴 게 없다.

김해 큰 고모 댁에서 지렁이 농장을 했는데, 토룡탕을 제조하여 알음알음 판매하기도 했다. 식용 지렁이는 깨끗하여 흙은 빼내고 분리하고 세척 후 참기름으로 살짝 볶아 물은 부어 장시간 고아내는 방식이었다. 초읍동 고교 동창 친구 부모님 댁으로 아내가 배달하기도 하였다.

(중략)

아세아 자동차 영업사원으로 양산 쪽으로 출장을 다녀오는 49번 버스 안에서 고교 동창인 서일하를 만나게 되고, 프로그램 학습인 '공문수학(현, 눈높이 수학)"을 알게 되었다.

평소 수학 때문에 고역을 치른 경험이 있었던 내게 "수학을 잘하게 한다."는 말에 관심이 갔다. 이 길이 내 인생의 전환점이 될 줄은 꿈에도 몰랐다. 1980년 12월 공문수학 사원모집에 응시하였다.

연산동 사는 친구(서일하)와 저녁 식사를 하고 양정까지 어깨동무를 하고 걸어오면서 합격의 기쁨을 만끽하였다. 늦은 저녁이 되어서야 집으로 돌아왔다.

IS씨의 안정적인 밥벌이 여정은 길고, 고달펐다. '아르바이트→담배가게→토룡탕 생산·판매→자동차 영업→학습지 영업' 까지 왔다. 이제 그의 여정이 안착하려나.

'조방앞 사무실 출발 → 범일동 → 수정동 → 초량동 → 산복

도로 → 토성동 → 송도를 거치다 사무실에 복귀하면 밤 10시가 넘었다. 회원의 분포가 부산시 전체로 분산되어 있어 버스를 타고 다닐 상황이 아니었다. 열정을 다하여 상담하고, 학습상황과 내용을 정밀 분석하여 어머니께 설명하고 학습 동기가 약한 부모에게는 다시 보통 1시간의 추가 설명회를 하였다.

(중략)

회원의 수가 기하급수적으로 증가하여 새 교사에게 교실(회원 30~50명)을 인수•인계하기가 바빴다. 그 해 신규회원을 800명으로 목표하였는데 강경중 국장님은 2,000명으로 목표를 재설정, 연말에 목표를 달성하는 쾌거를 이루었다.

교사도 계속 충원되어 2명에서 15명으로 늘어났고, 나는 부산 사무국에서 제일 잘 나가는 교사가 되었다.

IS씨, 이제 물 만난 물고기가 된 듯하다. 필자도 알거니와 당시 '눈높이 수학' 은 모르는 이가 없을 정도로 브랜드 인지도가 하늘 높은 줄 모르고 치솟았다. 성실하고 열심히 한 결과, 원하는 성과를 얻는다는 것은 작업에 대한 즐거움을 배가시킨다. IS씨에게 대교의 '눈높이 수학' 이 바로 그런 존재이다. 매우 소중한 경험이다. 마음먹고 공부를 열심히 했는데 성적이 쑥쑥 오르는 학생의 느낌이 이런 게 아닐까.

부산에서 올린 성과는 IS씨를 서울로 진출하도록 하는 기폭제가 되었다.

1985년 7월 1일부로 강남사무국으로 발령을 받았다. 압구정동과 신사동으로 연결된 지역 1개 교실을 인계받았다. 집집마다

1시간 이상 소요되는 개인 설명회를 하고, '눈높이 학습 원리'를 강조하는 노력 끝에 2개월 만에 60여 명으로 거의 3배 가까이 확장되었다. 이는 서울지역 교사들에게 큰 영향을 주었고 더욱 자신 있게 업무 추진할 수 있었다.

역량(competence)이란 일관성있게 지속적으로 성과를 내는 힘이다. IS씨는 분명 역량가라고 칭송할만하다. 환경이 다름에도 불구하고 높은 성과를 달성하고 있으니 말이다. 그런 결과에 대해 조직에서 주는 포상은 승진이나 인센티브로 나타난다. 당시 그가 속한 조직의 직급체계가 '사서 → 서기보 → 서기 → 대리 → 과장 → 차장 → 부장' 이었는데, 그는 3년이 안되어 대리로 승진했다.

밥벌이 사례 5 전화위복

1993년 주택조합 아파트에 무리하게 투자하여 완성될 즈음 1997년 IMF를 경험했다. 학원의 경영난과 생활고로 카드 돌려막기를 하다가 신용불량자가 되었다. 결혼생활과 직장생활, 대학원 공부 등으로 역할 과부하 상태에서 IMF까지 겹쳐 인생 최대 위기를 맞았다. 교통비가 없어 외출을 자제하고, 2천 원짜리 점심을 찾아다녔다. 힘들었던 그 시기에 드종이라는 네덜란드 친구가 외국인들과 함께 봉사활동을 하고 싶다고 하여 인강학교와 한빛맹아학교를 방문하여 다과를 선물해 주고, 기타 연주와 함께 노래도 불러주며 체육활동도 함께 했던 추억을 생각하면 눈시울이 촉촉해진다.

IMF 여파로 경제 형편이 날로 악화하여 임대료를 내기에도 버거운 상태가 한동안 지속되더니 결국 보증금을 모두 까먹고 학원을 폐업했다.

CH씨의 안타까운 밥벌이 사례다. 평범한 사람들이 선택할 수 있는 밥벌이 수단이란 봉급생활자 아니면 자영업이다. CH씨는 학원경영을 했다. 공교롭게도 IMF라는 희대의 복병을 만났다. 설상가상으로 주택조합 아파트에 투자하여 경제적 어려움이 가중된 듯하다. 가장의 역할, 대학원 공부, 직장생활 등으로 인한 스트레스는 그를 인생 최대의 위기로 내몰았다.

나와 우리의 미래, Now Me(나우미).

지금 나에게 가장 소중한 것이 무엇인가를 함께 생각하고, 지혜를 모아 실천한다는 모토를 가지고 목동에서 부부 갈등 조정 상담을 중심으로 가족상담센터를 운영하기 시작했다. 길을 가다 넘어지면, 그 땅을 딛고 일어서야 한다는 신념으로 올인했다. 세계 최고 수준인 이혼율, 자살률, 폭력 발생률을 최소화하자는 사회적 공감대를 얻어 건강하고 행복한 양성평등 가족문화를 창출하고 정착시키기 위해 1년 365일을 투자했다.

부부 상담에 집중하다 보니 방송사례자들이 많아졌고, 언론 방송 인터뷰와 특강 요청도 나날이 증가했다.

인간승리의 사례라고 하기에 충분하다. 현재 그는 나우미 가족문화 연구소장으로 부부갈등 조정·가족상담 전문가로 활발하게 활동하고 있다. 수백 회 방송 출연의 경험을 가지고 있다. 그의 말대로 쓰러진 그곳이 바로 다시 일어설 자리임을 입증하는 산 증인이 된 것이다. 광야 같은 삶의 여정에서 우리는 예측할 수 없지만 예상할 수는 있는 수 많은 복병들을 만난다. 그 복병들을 대하는 자세는 순전히 자신의 몫으로 감당해내야 한다. 한가지 분명한 것은 그 복병들로 인하여 우리는 좀 더 단단해지고, 한 단계 성장한다는 것이다.

08

그땐 왜 그랬을까

해석은 치유의 시작점이다. 자기 역사 쓰기의 본질은 현재의 관점에서 과거를 재해석하는 일이다. 과거의 특정 시점에서 겪은 일들을 생각해 보라. 그 당시에는 해석할 수 있는 생각의 깊이가 자라지 않은 나이였거나, 육체적인 성장은 충분했으나 감정에 휘둘려 사리판단이 흔들린 흔적들을 발견하게 된다. 그러니 이제 되돌아 가 재해석을 통한 씻김의 과정을 거쳐야 하리라.

부모, 형제, 친구, 회사 동료, 배우자, 자녀 등과의 관계에서 빚어진 서운함, 아쉬움, 분노가 수십 년이 지난 지금까지도 해소되지 않아 트라우마에 시달리는 자신을 발견하곤 소스라치게 놀라는 경우는 없는가? 필자 역시 기억의 한켠에 똬리를 틀고 앉아 시시때때로 마음을 때리는 것들이 여럿 있다. 나이들수록 더욱 선명한 모습으로 부지불식간에 내 앞에 나타나 가슴을 아리게 한다.

왜 그때 동생들을 사랑으로 감싸고 보듬지 못했을까?
힘들게 지내는 동생들을 위해 왜 내가 좀 더 헌신하지 못했을까? 부모님에게는 왜 좀 더 살갑게 다가가지 못했을까?

사소한 일로 왜 동료에게 화를 냈을까?

배우자의 잔소리에 부드럽게 대할 수는 없었을까?

자녀들이 어렸을 때 좋은 곳을 구경시켜주지 못했을까?

자녀들에게 왜 책을 읽어주지 못했을까?

부모님은 왜 나를 그렇게 밖에 대하지 못했을까?

왜 그때 협상을 허술하게 해서 금전적 손실을 초래했을까?

> 어린 시절의 기억을 더듬어 보면 부모에 대한 친밀감이 없었다. 돌봄과 보살핌에 대한 기억은 없고 혼자 방치당한 느낌이 많다.
>
> 심부름하고, 동생들 울음 달래며 잠을 재우거나 농사일 도와줄 때만 조금 칭찬받은 것 같다. 공부하라고 도움받은 기억은 없다. 손발에 징그러운 사마귀, 훈장처럼 남아 있는 얼굴 상처를 보면서 지금이라도 호~ 해주면서 나를 돌보고, 스스로 상처를 어루만져 준다. 그래서인지 부모님에게 진정으로 고마워하고, 감사하는 마음이 적었고, 원망감이나 거리감이 느껴져 효도를 못 했고, 최소한의 도리로 효도하는 척하며 살아온 것 같아 죄송스러울 때가 많았다.

CH씨가 어린 시절 겪었던 부모님과의 관계를 기록한 것이다. 부모님이 좀 더 적극적인 사랑을 쏟아주지 못한 것에 대한 아쉬움과 서운함이 묻어 있다. 이렇게 당시의 상황을 떠올리고 기록하는 것은, 그럴 수밖에 없는 상황을 재해석하고, 그 서운함의 감정을 자신으로부터 놓아주기 위함이다. 필자 역시 똑같은 경험을 한 사람으로서 충분히 이해가 가고도 남는 사례이다.

사랑에 대한 배움이 부족하고, 내리사랑을 체험하지 못한 사람들의 특성은 사랑의 감정을 표현하는 게 무척 서툴다. 사랑의 기술이 모자란 탓이다. 오랜 세월 동안 '사랑하는 것은 천성이요, 낯 뜨거운 거' 라는 생각을 대단한 신념인 양 품고 있었다. 그게 기술의 영역이라는 것을 어렴풋이나마 자각하게 된 단초가 된 것은 버트란드 러셀의 『사랑의 기술』이라는 책의 제목을 보고 난 이후부터이다.

> 왜 그에게는 사랑이 남아 있지 않았을까? 기억하기로, 그는 늘 분노에 차 있었다. 건드리면 언제 폭발할지 모르는 양은 그릇 속에 장치된 화약 같은 존재라고 해야 할까. 그의 속에 있는 무엇이, 사랑스러워야 할 동생들에게 폭력을 휘두르게 했을까. 내가 대학생이 된 뒤에도 그는 나를 때렸다. 아직 나는 그 상처와 작별하지 못하고 있다. 징그러운 아픔이다. 나에게 있어 그는 늘 두려움의 대상이었다. 경외하는 차원의 두려움이 아니라, 언제 다가올지 모르는 손찌검에 대한 공포, 그런 두려움 말이다.

HY씨의 안타까운 트라우마이다. 그에게 형이란 존재는 동생들의 바람막이가 아닌, 되도록 함께 있고 싶지 않은 이방인으로 기억하고 있다. 몇 년 전에 이승을 떴으니 이제 그 질긴 상처를 함께 떠나보낼 때가 되었다.

해석의 순간이다. 그의 형님은 포부가 큰 사람이었다. 그런데 아쉽게도 그 포부를 이룰 내부 · 외부 역량을 조련하는 데는 충분한 에너지를 쓰지 못했다. 성과에 대한 조급함에 시달렸다. 결과적으로 이상과 현실 사이의 괴리의 폭을 좁히는 데 실패한 것이다. 그 괴리를 누군가에 대한 분노로, 때로는 남탓으로 메우려 한 것이다. 실제로 가장 괴로운 쪽은 당사자였을 것이다. 이제 조용히 내 속에 있는 그와 엮인 누적된 서러운 기억의 편린(片鱗)들을 털어내리라.

"잘 가거라. 나의 누더기 기억들이여!"

형은 형 나름대로 그렸던, 내가 알 수 없는 미래에 대한 선한 비전과 목표가 있었겠지! 내가 그 속에 있지 않은 한 그것을 어찌 제대로 이해할 수 있겠는가?

다만, 그때 "왜 그랬을까?" 가 이제는 "그래서 그랬구나!" 에 한발짝 다가섰음을 느낀다.

09

리셋 마이 라이프

자기 역사 쓰기가 회고록이나 자서전 등과 다른 특징 중 하나는 쓰는 이의 미래를 기록하는 부분이 있다는 것이다. 현재의 관점에서 과거를 해석하고, 미래를 설계함으로써 지금(here now) 무엇에 자신의 시간과 에너지를 집중할 것인가에 대한 통찰이 생긴다.

훌륭한 리더십은 항상 과거에 대한 성찰에서 출발한다. 자신의 과거(역사)를 정확하게 진단하고, 분석함으로써 미래를 올바로 그릴 수 있고, 현재의 활동 포인트를 식별할 수 있는 것이다. 그러므로 리더십의 문제는 항상 과거에 대한 통찰의 부재에서 비롯됨을 잊지 않아야 한다.

이 책에서 지금까지 해 온 작업은 과거에 대한 성찰에 초점을 두어 왔다. 고향, 가족, 크고 작은 사건, 병영생활, 연애와 결혼, 밥벌이 이야기 등에서 다룬 것들은 기억과 자료를 통해 과거를 기록한 결과물들이다. 거기에는 잘한 부분, 못한 부분, 아쉬운 부분, 상한 감정 등이 주류를 이룬다. 그래서 그게 어떻다는 것인가?

이제 "그래서 나보고 어쩌라고?" 의 질문에 천착해야 할 순간에 도달했다. 내가 가장 힘이 떨어지는 순간은 바로 꿈과 목표를 상실할 때이다. 뭐 대단한 것을 이루고자 하는 꿈과 목표가 아니다. 금년도 → 이번 달 → 이번 주 → 오늘 → 지금 무엇을 할 것인가에 대해 무엇을 할 것인가를 적어 놓고, 적어 놓은 대로 해보는 것 이상도 이하도 아니다.

솔직히 나는 오늘이 어제 같은 삶을 사는 것에 가장 두려움을 느낀다. 나의 소원은 이승과 이별하는 순간까지 무기력하게 지내지 않는 것이다. 그게 내가 지금 누리는 것들, 내 주위를 둘러싸고 있는 사람들(가족, 형제, 친구)에게 은혜를 갚는 일이라고 믿기 때문이다.

성공이란 무엇인가

도대체 『성공』이란 게 무엇이며, 어떻게 이룩하는 것인가?

한국생산성본부 재직시절, 그게 아마 1993년도 쯤일 것으로 기억한다. 나도 한평생 살면서 성공이라는 것을 하고 싶다는 욕망으로 마음이 뜨거웠던 적이 있었다. 그런데 그 방법을 알 길이 없었다.

성공이란 무엇인가? 그리고 성공하면 행복한 것일까. 그것은 주관적인 것인가, 아니면 객관적인 것인가? 주관적인 것이라면 사회적 지위나 가지고 있는 돈의 양에 상관없이 행복한 삶을 누릴 수 있을 것이고, 객관적인 것이라면 그 반대일 것이다. 오늘도 사람들은 성공적인 삶을 위해 땀을 흘리며 뛰고, 또 뛰고 있다. 왜 그렇게 열심히 사냐고 물으면 아마도 열에 아홉은 성공하기 위해서 한다고 대답할 것이다.

언젠가 '몸과 마음이 건강하고, 금전적 채무가 없으며, 아침에 일어나면 할 일이 있는 상태'를 성공적인 삶이라고 정의를 내린 글을 본 적이 있다. 일면 그럴듯해 보였다. 그러나 몸과 마음이 건강해지려면 어떤 조건들이 필요하며, 아무 일이든 그저 일만 주어지는 것으로 성공했다고 할 수 있을 것인가. 그리고 빚이 없지만 저축한 돈이 한 푼도 없는데도 그런 정의에 동의할 수 있을지 또한 의문이다. 이리저리 생각을 굴리며 스스로에게 계속 질문을 던졌다.

성공에 대한 정의가 무엇인지는 차치하고, 어쨌든 성공하려면 일상을 계획성 있고, 짜임새 있게 살아야 할 것 같았다. 시간계획표를 짜서 살아보기로 결심하여 중·고등학교 방학 때 했던 방법인 시간대별 할 일 목록을 만들어 실행했다. 그런데 직장생활을 하는 처지에서 시간을 스스로 통제하며 지내는 것이 불가능하다는 것을 곧 깨달았다. 어떻게 하면 좋을지 막막해 하면서, 한동안 주어진 일을 열심히 하는 것으로 만족하며 살았다. 엉거주춤하게 생활하던 중에 직장동료로부터 유성은 목사가 쓴 『시간관리와 자아실현』이라는 책을 소개받고 내 인생의 변화의 시작점이 열리는 순간이 왔다. 그 전까지 나의 시간관리는 시간계획의 수준에 머물고 있었는데, 이 책을 통하여 나는 시간관리가 곧 자기경영의 차원이라는 것을 깨달았다. 즉, 시간을 관리한다는 것은 자기 인생 전체를 관리한다는 것과 동일한 개념인 것이다.

그런데 자기경영을 하려면 세부적인 활동들이 있을 것 같은데 그게 뭘까를 또 고민했다. 생각에 생각을 거듭한 끝에 내 나름의 포인트를 찾았다. 나는 그것을 '성공하는 사람들의 5가지 관리자산' 으로 정의했다. 자산관리가 아닌, 관리자산이라고 한 이유가 있다. 자산관리라고 하면 주로 눈에 보이는 금전적 측면에 한정되어 있지만, 관리자산은 '관리해야 할 자산'이라는 의미가 강하다. 각각의 자산에는 근본적으로 지닌 힘(power)이 있다.

아래의 표는 자산의 유형에 따른 힘의 유형과 하위요소를 정리한 것이다.

자산 유형	힘의 유형	하위 요소
정서 자산	마음의 근력을 키우는 힘	비전 마인드, 절제, 끈기, 열정
지식·기술 자산	성과를 내는 힘	전문지식 및 기술
관계 자산	협력을 끌어내는 힘	공감, 배려, 경청, 헌신
신체 건강 자산	오래 버티는 힘	운동, 바른 생활 습관
재무 자산	가정을 안정 시키는 힘	벌기, 쓰기, 불리기, 나누기 등

자산을 효과적으로 쌓는데 필요한 하위 요소들이 있는데, 우리는 그 하위요소들을 평소에 적절하게 관리함으로써 성공적으로 원하는 수준의 자산을 축적할 수 있을 것이다.

이렇게 정리하고 나니 내 나름의 성공에 대한 정의가 분명해졌다.

"다섯 가지 관리자산이 균형적으로 관리되고 있는 상태"

성공이 완성형이 아닌, 진행형이어야 할 이유가 바로 여기에 있다. 어제까지는 성공한 듯 했으나 오늘 몰락하는 인생들을 볼 때마다 느끼는 바가 크다. 높은 지위, 큰돈, 대단한 인기, 획득한 권력이 하루아침에 추풍낙엽이 되는 현실을 우리는 매일 목격한다. 성공을 완성형으로 믿고 의지한 결과가 아니겠는가. 그러므로 성공은 매일 해야 하는 것이요, 지금 해야 하는 것이다. 그런 자세로 꾸역꾸역 지내다 보면 어느샌가 자신이 원하는 삶의 자리에 서 있음을 확인하게 될 것이다. 이것이 바로 내가 정립한 성공학 개론이다.

기록 사례 1 미래 일기

가끔 죽음을 생각한다.

나의 세상 소풍을 끝낸 자리는 어떤 모습일까에 대해 상상해 보곤 한다. 죽음의 문제는 결국 삶의 문제다. 즉, 어떻게 죽을 것인가의 문제는 어떻게 살 것인가에 대한 물음에 닿아있다.

태어나는 것은 내 의지로 되지 않는 일이지만 죽음은 내 의지가 개입될 수 있는 사건이다. 잘 태어나지 못한 사람일지라도 잘 죽을 수는 있는 여지를 하나님께서는 남겨 주셨다.

"해병은 머물렀던 자리에 흔적을 남기지 않는다."

나의 해병대 동기 중 이 말을 기억하는 이가 있을까 싶다. "한번 해병은 영원한 해병", 귀신잡는 해병" 등 해병을 상징하는 메시지들이 있지만 아직도 내가 의미있게 내 기억 속에 남아있는 살아있는 유일한 메시지는 바로 이것이다.

분명 해병대의 대표적인 메시지도 아니다. 어쩌다 지나가는 말로 후반기 훈련 중에 교관이 우리에게 한 얘기다. 대부분은 흘려 들었을 것이다. 교관이 지어낸 말일 수도 있겠으나 나는 그 메시지를 지금도 기억하고 있으니 신기한 일이 아닌가.

나는 비교적 뒤처리를 잘하는 편이다. 밥을 먹었던 자리, 누웠던 자리, 샤워를 했던 자리, 업무처리를 끝낸 자리, 회의가 끝난 자리에는 흔적(stigma)들을 남기지 않으려고 한다. 세상에는 좋은 흔적이 있는 반면, 나쁜 흔적도 많다. 흔적은 대부분 다른 사람들과 연결되어 있다. 기쁨을 주기도 하고, 불쾌감을 주기도 한다. 나는 이왕이면 좋은 흔적으로 다른 사람들과 연결되기를 희망한다.

나의 세상 소풍이 끝난 그 자리에 모인 사람들에게는 좋은 흔적으로, 밥을 먹었던 자리나 샤워를 했던 자리는 흔적이 없는 상태를 만들기 위해 애쓰는 삶은 아름답지 아니한가. 또 하나, 흔적을 남기지 말아야 할 것이 하나 있다. 이건 내 자녀들에게 부탁의 메시지가 되겠다.

"얘들아, 내 육신의 흔적(=무덤)을 만들지 마라."

HY씨가 기록한 자기 역사 쓰기의 한 대목이다. 이 글로 미루어 그는 매우 정리 정돈에 철저한 사람임이 짐작이 간다. 그는 그 철학을 해병대 병영생활에서 더욱 확실하게 터득한 것 같다. 사실, 군생활에서 하급 간부인 교관의 말을 지금까지 마음속에 담아두는 경우는 흔치 않다. 그러나 HY씨가 아직도 그때의 메시지를 또렷이 기억하는 것은, 아마도 교관의 말이 평소의 그의 성품을 더욱 확증해주는 역할을 한 것은 아닐까.

궁극적으로 정리 정돈에 대한 그의 자세는 자녀들에게 "흔적(=무덤)을 만들지 말라" 는 유언으로 발전하는 데 영향을 미친 것으로 해석할 수 있겠다.

기록 사례 2 더 낮은 곳으로

이제 오르지 말고 내려가자! 물은 높은 곳에서 낮은 곳으로 흐른다. 수리학에서 배운 개수로와 관수로가 생각난다. 중력으로 흐르는 개수로나 압력에 의해 흐르는 관수로는 모두 높은 곳에서 낮은 곳으로 흐른다. 시간도 흐른다. 시간은 아마도 시작한 곳이 높은 곳이 아닐까? 그렇다면 나의 시간은 이미 태어난 순간부터 계속 낮은 곳으로 흐르고 있지 않았나 생각된다. 하지만 나는 이를 거슬러 계속 높은 곳으로 가려고 발버둥을 쳤다. 오르지 말고 내려가자. 내 주변의 낮은 곳에 호기심을 갖고 이를 찾아 자연스럽게 낮아지자. 그리고 보살핌이 절실했던 나의 어린 시절을 기억하며 이제는 보살핌이 필요한 곳에 하나의 작은 지푸라기가 되자. 이것이 내가 찾은 지혜이다.

JH씨는 수도시설관리소에서 공직생활을 시작했다. 그래서 그런지 그의 글은 자신의 삶의 방식을 물(水)에 비유했다. 사람들에게, 특히 대부분의 남성들에게 세상은 정복하고 지배해야 할 대상이다. 그게 바로 성공한 것으로 인정받을 수 있는 수단이기 때문이리라. JH씨 역시 예외가 아니다. 직장생활이 우리에게 주는 큰 낙 중 하나는 바로 승진이다. 능력의 상징물이기 때문이기도 하지만, 성공의 표상으로 함축되는 것이 바로 승진이다.

그는 직장생활 가운데 늦은 나이에 박사학위를 취득했다. 오르막을 위한 생활로 반평생 이상을 보낸 셈이다. 자기 역사 쓰기를 하는 과정 중에 그는 이제는 하산 준비를 해야 할 때임을 자각하기 시작한 것 같다. 생각의 방향이 낮은 곳으로 향한다는 것은 보다 겸손한 자세로 세상을 바라보고, 섬김의 자리에 서겠다는 스스로와의 약속이라고 할 수 있지 않을까.

그의 글은 다음과 같이 이어진다.

> 넓은 문은 편하다.
>
> 나는 편한 곳을 찾아왔다. 그러나 그곳은 모두가 찾는 통로다. 아침이 밝아 하루를 시작하고 저녁이 되어 잠자리에 들 때면 늘 아쉬움이 남는다. 어김없이 흘러가는 시간을 탓하며 하지 못한 일은 내일을 기약한다. 이렇게 살다 보면 끝은 보람과는 멀어지리라 생각한다. 하느님은 좁은 문으로 가라 하신다.
>
> 좁은 문은 불편하다. 허리를 숙일 수도 있고 옷깃을 여미고 조심스럽게 지나가야 할지도 모른다. 하루를 시작하여 잠자리에 들 때까지 좁은 문을 선택하여 조금은 불편하게 생활해야겠다. 자동차를 타기보다 걷고, 기름진 음식보다 거친 음식을 먹고, 문명의 이기를 조금은 멀리하며 거친 곳을 모험심을 갖고 가자!

가톨릭 신자로서 JH씨는 "좁은 문으로 들어가라" 복음서의 말씀에 천착하고 있다. '내려간다' 와 '좁은 문으로 간다' 는 것으로 그의 삶의 방향성의 일관성을 보여주고 있다. 궁극적으로 그가 꿈꾸는 인생의 하프타임은 '소박한 삶'이라고 할 수 있을 것이다. 이어서 그는 몇 가지 작고 아담한 실천 사항들을 자신의 글에 담았다.

- 소통하는 법 배우기
- 몸 움직이기
- 작은 선물 자주하기
- 소중한 것들(물건, 추억, 사람, 마음 등) 챙기기

• 하느님의 말씀에 근거하여 꿈 잃지 않기

기록 사례 3 관조의 미학

'늙어간다는 것은 낙심의 사유가 아니라 소망의 토대이고, 조금씩 퇴락하는 것이 아니라 차츰차츰 성숙해가는 과정이고, 어쩔 수 없이 감수할 운명이 아니라 두 팔 벌려 맞아들여야할 기회'라는 것을 강조하고 있다. 나이 듦이라는 인간의 보편적 경험, 치유와 생명력이 샘솟는 그 체험을 통해 젊은이나 늙은이나 서로를 인식하는 것이 중요하다고 말하고 있다.

헨리 나우웬의 글이 아니더라도 어느 정도 나이에 이르면 성숙한 인격이 어떤 상태라는 느낌이 온다. 일종의 '인생 이치'를 깨닫는 지점이 있는데, 자기 사심을 내려놓고 관찰자처럼 사람들의 말과 표정, 행동거지들을 무심히 들여다보노라면 인간의 보편성과 개별성 같은 인간 본성론에 대한 성찰 혹은 인생 주기가 느껴지고, 어느 대목에서 발목이 잡혀 있는지, 어떤 고비에서 씨름하는지, 어떤 방식의 틀로 자기 자신을 대하는지, 나이 들어가며 점점 빛을 향해 자라 가는지, 날날이 해체되는 경험 속에 불안해하는지 등등, 위아래를 분간하는 기술이 생겨난다. 그런데 대부분의 사람들은 나이 들어가는 것이 빛으로 가는 길이라는 사실에 대해 잘 모르고 있다. 직관이 생겨 저절로 알아지는 때가 있다.

JS씨는 헨리 나우웬의 작품인 『나이 든다는 것』의 내용 중 aging을 '나무에 기대어 놓은 낡은 수레바퀴' 비유한 부분을 인용하면서 나이듦에 대한 자신의 소회를 밝히고 있다. 나우웬에 따르면 삶의 주기(인생의 사이클)은 단 한 바퀴뿐이고, 그걸 잘 감당하는데서 큰 기쁨을 얻고 그게 인간의 가장 큰 소명이라는 것이다.

위의 글의 필자는 철학박사이자 기독교 목회자로 수년간을 몸담아 왔다. 따라서 삶과 죽음에 대한 기독교적 가치관이 나름 잘 정립되어 있을 것이다.

그의 자기 역사 쓰기 내용을 들여다보노라면 유행가 '바램'의 다음과 같은 가사를 연상케 한다.

"우린 늙어가는 것이 아니라 익어가는 겁니다"

사골국물의 깊은 맛은 가마솥에서 오래 끓여야 건질 수 있는, 기다림의 댓가다. 사람의 지혜와 사리분별력, 그리고 관조함 등이 어우러져 풍겨내는 여유로움이야말로 오랜 세월 풍파를 거치면서 쌓은 내공의 결과가 아니겠는가. 그러니 나이듦을 축복으로 여기되 서러워 말지어다.

05

글 품질관리

; 글 손질하기

01

제목 및 목차 다듬기

제목과 목차를 정하는 문제는 특별히 자기 역사 쓰기 어느 단계에서 결정해야 한다는 법칙 같은 것은 없다. 그리고 시작하면서 정한 제목과 목차를 끝까지 붙들고 가는 일은 절대로 발생하지 않는다는 사실을 명심하자.

그럼에도 불구하고 이것들을 미리 정하는 작업은 매우 중요할 수밖에 없다. 왜냐하면 자기 역사 쓰기의 방향성을 좌우하는 부분이기 때문이다. 더군다나 처음으로 자기 역사 쓰기에 도전하는 사람의 입장에서는 낯설고 어색할 수밖에 없는 작업이기도 하다.

제목 정하기 · 다듬기

먼저, 제목을 정하는 방법부터 살펴보기로 하자. 제목은 책의 간판이요, 얼굴이며, 잠재 구매자 입장에서 보면 가장 먼저 노출되는 정보이다. 그러므로 호기심을 자극할 수 있도록 만들어야 한다. "책 내용만 좋으면 되는 거 아닌가요?" 라고 말할지 모르나, 그것은 지나치게 순진한 생각이다. 대인관계에서 첫인상이 상대방을 판단하는 데 결정적인 영향을 미친다. 무려 그 비중이 95%에 이른다는 것을 안다면 결코 외양을 소홀히 여길 사안이 아니다. 물론 책의 내용은 무엇보다 중요하다. 그렇다 해도 오직 품질만이 구매를 결정하는 데 결정적인 요인은 아니라는 사실을 명심하자.

제목에서 호기심이 환기될 수 있도록 할 일이다.

자신이 쓴 자기 역사 쓰기를 시중에 내다 팔 용도가 아니라고 제목을 대충 정하는 일은 없어야 한다. 아무리 비매품이라 하더라도 주변의 누구에게 저자 서명을 해서 전달하게 되는데, 너무 뻔한 제목은 가뜩이나 사람들이 남의 인생에 대해 별 관심이 없는 마당에 더욱 책장을 넘기기 어렵게 만든다.

속성별	책 이름
저자 이름 노출형	• 김대중 자서전 • 마더 데레사 자서전 • 마크 트웨인 자서전 • 리처드 도킨스 자서전 • 프랭클린 자서전 • 존 스튜어트 밀 자서전 • 아르센 벵거 자서전
혼합형	• 만델라 자서전, 자유를 향한 머나먼 길 • 빈센트 반 고흐, 내 영혼의 자서전 • 요가난다, 영혼의 자서전 • 김수영, 시로 쓴 자서전 • 김호영의 자기역사, 미완의 시간여행(1954~2021) • 리처드 도킨스 자서전, 어느 과학자의 탄생
제목 중심 노출형	• 깊은 강은 소리 없이(한용걸) • 나, 톺아보기(조창현) • 흔들리며 걸어도(최재숙) • 골든 아워(이국종) • 천원을 경영하라(박정부) • 시련은 있어도 실패는 없다(정주영) • 공부 도둑놈 희망의 선생님(신호범) • 철부지(문정흠) • 산골소년의 칠십년(김인수) • 그대를 만나려는 소망(권명수) • 어느 여름날의 목소리(어윈쇼우)

앞의 표는 필자가 소장하고 있는 자서전유의 책들의 제목을 필자의 시각으로 분석하여 속성별로 분류한 것이니 참고하기 바란다.

제목 정하기는 책의 전체 내용을 단 한 줄로 표현하는 기술이다. 위에 소개한 책들의 제목을 보면 저자가 무엇을 담고자 하는지를 한눈에 알 수 있다. 어쩌면 책 제목을 정하는 일은 제품명이나 브랜드명을 정하는 일과 유사하다.

대체적으로 유명인들을 자신의 이름을 크게 드러나게 제목을 정하는 경향이 강하다는 것을 알 수 있다. 아무래도 우리 같이 평범한 사람들은 세 번째인 '제목 중심 노출형' 이 적절하지 않을까 하는 것이 개인적인 생각한다.

목차 정하기 · 다듬기

제목이 정해지고 나면, 자기역사(personal history)를 편년체로 쓸 것인지 아니면, 기전체 또는 혼합체로 쓸 것인지를 결정해야 한다. 어떤 쪽을 선택하느냐에 따라 목차 구성 방법이 달라질 수 있다.

잘 알다시피 편년체란, 역사적 사실을 연 · 월 · 일 순으로 기록하는 가장 보편적이고 전통적인 방식이다. 편년체 방식을 택한다면 목자를 구성하는 데 크게 신경 쓸 필요가 없다. 일반적으로 편년체 방식의 자기 역사 쓰기 목차 구성은 다음과 같다.

- 유년기
- 청소년기
- 청년기(20대~30대)
- 중년기
- 노년기(은퇴 이후)

처음으로 글쓰기를 시도하는 사람에게는 편년체 방식으로 목차를 구성하는 것도 그리 나쁘지 않다. 그러나 쓰다 보면 단조롭고 지루하다는 느낌이 들기는 하다. 글쓰기를 배우지 않은 상태에서 과거의 사실들을 연대기 순으로 나열하다 보면 무미건조하게 전개되어 재미없다는 생각이 들 수 있다. 그럼에도 불구하고 자신의 삶의 발자취를 더듬어 기록한다는 것은 그 자체로 의미있는 일이다.

기전체란 역사의 기록을 임금별, 인물별, 법과 제도, 사건을 중심으로 전개하는 방식이다. 기전체로 쓴 자기 역사 쓰기를 보면 제목에서부터 문학적 뉘앙스를 풍긴다. 『골든아워』, 『어느 여름날의 목소리』, 『공부도둑놈 희망의 선생님』, 『윤미네 집』, 『나, 건축가 안도 다다오』 등이 바로 기전체로 쓴 자기 역사 쓰기 책들이다. 그래서 목차의 구성이 좀 역동적이다. 다음은 YG씨의 자기 역사 쓰기 『깊은 강은 소리없이』 목차의 일부이다.

- 할아버지의 강가에서
- 질풍노도의 시절
- 세계를 만나다
- 함께 걷는 길벗회
- 인연
- 별이 된 아내
- 30년을 한결같이

멋있어 보이지 않는가?

기전체로 쓰여진 자기 역사 쓰기를 보면 소설이나 산문, 혹은 수필 같은 느낌이 들기도 한다. 읽는 이들로 하여금 참신하다는 인상을 준다. 글쓰기에 좀 익숙한 경우라면 편년체 보다는 기전체를 권하고 싶다. 기전체로 쓴다고 해서 전혀 연대기적 내용이 사라지는 것은 아니니, 엄밀한 의미에서 얘기하자면 혼합체(편년체+기전체)라고 해야 함이 옳다.

02

프롤로그와 에필로그 쓰기

프롤로그(prologue, 머리말)를 쓰는 시점에 원칙이란 없다. 자기 역사 쓰기를 시작하면서 쓰기도 하고, 중간에 혹은 마지막에 쓰기도 한다. 각각의 장단점이 있다. 시작하면서 쓰게 되면 글쓰기의 방향을 잡는 데 도움이 되지만 글 내용의 범위를 한정하는 면이 있다.

중간에 쓰게 되면 글쓰기의 진행이 한참 지난 후에 쓰는 것이라 거기에 걸맞게 프롤로그의 내용을 구성하는 장점이 있는 반면, 본문의 내용이 엉뚱한 방향으로 흐를 경우 난감해질 수 있다.

본문을 마무리한 후에 쓰는 것 역시 중간에 쓰는 경우와 장단점에 있어 비슷하다. 필자의 경우로 미루어 얘기하자면 시작하면서 조금, 중간에 수정과 조금, 마지막에 완성도를 높이는 방식을 택하고 있다. 어쨌든 각자의 취향과 형편에 따라 선택하고 조절하면 될 일이다. 문제는 프롤로그의 내용을 어떻게 구성하는가 하는 부분이다. 다음은 일반적으로 통용되는 프롤로그 내용 구성 요소이다.

- 집필 배경 및 동기
- 자기 역사 쓰기를 통하여 전하고 싶은 메시지
- 자료수집 과정에서 경험한 에피소드
- 작업 과정에서의 어려웠던, 또는 즐거웠던 경험
- 내용의 구성
- 읽는 사람들에게 전하고 싶은 메시지
- 감사하고 싶은 대상에 대한 인사말

필자는 위의 요소들을 표준으로 삼아 김호영의 자기 역사 쓰기 『미완의 시간여행』에 적용하여 프롤로그를 스케치해 보았다. 아래 내용은 마인드맵을 통하여 나온 결과를 풀어쓴 것이다. 이와 같은 소재를 가지고 수식어를 넣고, 적절하게 문장을 만들면 괜찮은 프롤로그가 될 것이다.

- 인생은 마치 나그네길(소풍) 같다고 생각함
- 2020년 1월 우연한 기회에 교보문고에서 다치바나 다카시의 『자기역사를 쓴다는 것』을 구매함
- 2021년 1월에야 그 책을 한 번 읽었고, 2022년 1월 두 번째 읽음
- 나도 한 번 내 역사를 쓰고 싶다고 생각하게 되었으며, 2022년 2월에 『김호영의 자기 역사 쓰기』에 착수함
- 가장으로서 두 딸에게는 아빠와 엄마의 삶의 과정을 기록으로 전함으로써 세대 이해와 소통의 수단이 될 것으로 기대함

- 형제들에게는 가족관계 속에서 경험하고 느낀 역사를 기록물로 전함으로써 서로 이해하고, 애정의 깊이를 더 다질 수 있는 기회가 될 거라고 기대함
- 어디에서부터 무엇을, 어떻게 기록해야 할까에 대한 고민이 컸음
- 부모님에 관한 자료가 부족하여 기억에 의존한 부분에 대해서는 아쉬움이 있었음
- 내용의 구성은 제1장에서 고향·가족·어린 시절에 겪었던 애환과 즐거움 등을, 제2장에서 군사정권의 암울함 속에서 청춘을 보낸 이야기를, 제3장에서 변화와 성정을 위한 몸부림, 제4장에서 무엇에 집중해야 하는가를, 제5장에서는 세상 소풍이 끝난 후 자녀들에게 전하는 메시지를 담았음
- 자기 역사 쓰기 국민운동본부를 설립하여 많은 사람들이 삶을 기록하는 과정에서 자신의 가치를 발견하고, 새로운 꿈과 비전을 갖도록 교육으로 헌신할 수 있다면 큰 즐거움이 될 것임
- 자기 역사 쓰기 지도사 교육과정에 참여하여 함께 하는 동료들에게 감사

에필로그(Epilogue, 맺는말)는 당연히 본문 쓰기를 모두 마친 후에 쓴다. 어쩌면 글 다듬기까지 마친 후에 쓰는 게 맞다. 내용 구성에 특별한 원칙은 없다. 길게 쓰든 짧게 쓰든 쓰는 이의 마음에 달렸다. 그러니 굳이 부담 가질 일은 아니다.

다음은 에필로그에서 다룰 내용을 필자의 경험에 의존하여 전리해 본 것이니 참고하기 바란다.

- 자기 역사 쓰기를 위한 준비과정
- 작업을 수행한 과정에 대한 소회
- 작업을 수행하는 과정에서의 어려움
- 쓰고 난 후의 느낌, 아쉬움 등
- 앞으로의 계획 등

아래 내용은 필자의 자기 역사 쓰기 『미완의 시간여행』의 에필로그를 쓰기 위해 스케치한 것이다.

- 과연 내가 할 수 있을까 라는 자신에 대한 믿음의 부족한 상태에서 시작함
- 무엇을 어떻게 써야 하나 막막한 순간들이 가끔은 나를 절망에 빠뜨리기도 함
- 함께 한 동료들과 얘기하는 중에 많은 아이디어를 얻음
- 아쉬움도 있지만 무언가를 이루었다는 성취감이 컸고, 자존감이 높아짐을 느낌
- 자녀들과 배우자에게 나에 대해 조금이나마 이해할 수 있는 기회를 만들었다는 데 뿌듯함을 느낌
- 새로운 비전과 목표가 생김

MS씨의 자기 역사 쓰기인 『그대를 만나려는 소망』의 에필로그 한 도막을 소개해 본다.

> 나의 과거 흔적을 돌아보고 정리하며 여기까지 왔다. 우선 가족과 고향에 대한 이야기를 정리해보고 싶었다. 아스라이 기억 저편에 존재하는 이야기를 하나씩 물길 듯 담았다. 꼬맹이 시절 천진난만한 기억이 조금씩 저 아래 어둠의 저장고에서 불려 나왔다. 대할 때마다 반갑고 정겹고 한편으론 대견해서 눈물이 맺히곤 했다. 더욱 신기했던 것은 전혀 기억지 못한 것이 잠결에, 물안개가 피어오르듯 떠오름을 체험했다. 아득한 추억들로 빈칸이 채워졌다.
>
> 어느덧 자기 역사 쓰기 지도사 교육과정 종강을 맞이한다. 마음밭에 뿌려진 안개비를 머금은 그 힘으로 나머지 글도 써갈 수 있겠다. 역사 연표에 따라 인생의 변곡점을 중심으로 마무리해가려고 한다. 글쓰기는 항상 자신의 내면을 정리하고 앞으로 나아갈 힘을 준다. 더욱이 자기 역사 쓰기는 더더욱 자신의 과거와 조우하고 새로운 관계를 맺게 한다. 이 과정이 조금 더 나 자신을 성숙시키고 있음을 느낀다. 기억 속의 내용을 기록으로 남겨 역사로 만들어가도록 말이다.
>
> 지금까지 즐거운 시간을 함께 해 온 자기 역사 쓰기 3기 동기들, 그리고 지도해 주신 ○○○ 교수님께 감사를 드린다.

짧지만 매우 감성적인 메시지가 담긴 에필로그 아닌가 싶다. 어쨌든 에필로그 쓰는 데는 특별한 형식이 없으니, 쓰는 이의 마음이 움직이는 대로 붓이 따라가면 될 일이다.

03

글 다듬기(교정 · 교열 · 윤문) 기술

글 다듬기란 교정, 교열, 그리고 윤문을 만드는 작업이다. 여기에는 일정한 법칙이 있어 굳이 '기술(skill)' 이란 표현을 쓰는 것이다.

교정(校正)이란, 문장에서 명백하게 틀린 부분을 고치는 작업으로써 오탈자, 맞춤법, 띄어쓰기, 문장부호, 외래어 표기법 등을 바로잡는 작업이다. 비슷한 용어로 교정(校訂)이 있는데, 이는 남의 문장 또는 출판물의 잘못된 글자나 글귀를 바르게 고치는 행위를 의미하는 데, 교정(校正) 보다 넓은 개념으로 쓰이고 있다. 일반적으로 '원고를 교정한다'라고 하면 교정(校正)을 말한다.[20]

반면에 교열(校閱)은 문장의 어색한 부분을 바로잡는 작업으로써 주술 관계, 수식 관계, 더 잘 어울리는 단어와 표현을 찾고 문장과 문단 순서를 바꾸는 것이다. 즉, 한글 맞춤법에는 맞지만 문장의 주어와 술어가 맞지 않거나 내용상 오류가 있거나 지나치게 꼬여있어서 이해하기 어려운 문장을 교정하고 검열하는 작업이라고 할 수 있다.

---

20) 김경도, 될 수 있다! 교정교열가, 춘명, 2019

문장이 지나치게 길어 가독성이 떨어지는 경우도 여기에 해당한다.

윤문(潤文)이란, 교정과 교열과 마찬가지로 문장을 다듬는 작업이라는 부분에서는 동일하지만 적용되는 범위가 좀 다르다. 윤문을 위해서는 일단 원고를 끝까지 읽는 작업이 선행되어야 가능하다. 교정과 교열은 짧게는 앞뒤 문장, 길게는 그 문장이 속한 문단 정도만 읽어도 가능하다. 하지만 윤문은 그 목적 자체가 교정·교열과 근본적으로 다르다. 가장 극단적으로 얘기하자면 윤문은 내용에 개입하는 경우가 발생하는 수가 있다. 그러니 윤문을 하기 위해서는 원고 전체가 파악되어야 하는 것이 필수적 요건이다. 이러한 행위는 불가피하게 글쓴이와 마찰을 빚기도 한다. 본서는 전문 편집자를 위한 도서가 아니므로 교정 및 교열에 한정해서, 그것도 부분적으로 다룰 것이다. 더 자세하게 공부하고 싶다면 교정·교열·윤문 관련 도서를 참고하면 될 것이다.

교정

이미 언급했다시피 교정이란, 문장에서 명백하게 틀린 부분을 고치는 작업이다. 주로 오탈자, 맞춤법, 띄어쓰기, 문장부호, 외래어 표기법 등을 바로잡는 일이다.[21]

교정을 보기 전에 해야 할 일 중 하나가 있다. 원고의 처음부터 끝까지 일관되게 적용할 통일된 원칙을 정하는 것이다. 원칙을 정해

---

21) 만일에 맞춤법, 띄어쓰기 등에 대해 애매한 부분이 있을 경우, 국립국어원(http://www.korean.go.kr) 을 참고할 것

놓지 않으면 상황에 따라 다른 표기들로 인하여 원고의 질이 떨어진다. 이하의 내용은 김경도의 『될 수 있다! 교정교열가』의 내용을 일부 인용하여 정리하고자 한다.

첫째, 인용문의 경우 본문과 구분하여 사용할 것

남이 한 말이나 쓴 글 등을 기술할 경우, 어떻게 표현하면 좋을지에 대한 얘기다.

- 인용문의 시작과 끝나는 행의 위와 아래에 1행씩 띄어 줄 것
- 본문의 글자보다 1포인트 정도 작게 할 것
- 서체나 글자 색을 다르게 할 것

기독교 신앙 관련 서적은 특성상, 성경 구절을 인용하는 부분이 많은데 간단하게 예를 들면 다음과 같다.

> "여호와 그가 네 앞서 행하시며 너와 함께 하사 너를 떠나지 아니하시며 버리지 아니하시리니 너는 두려워 말라 놀라지 말라"(신명기 31:8)

둘째, 숫자 쓰기 단위를 통일할 것

화폐 단위를 표기하는 경우의 얘기다. 예를 들어 10,000원을 표기하는 방법은 10,000원, 1만 원, ₩10,000 등 다양하다. 어떤 방법이든 하나를 택하면 처음부터 끝까지 동일하게 표현해야 한다.

셋째, 이름 뒤에 붙는 호칭어의 띄어쓰기 기준을 정할 것

성(姓)과 이름, 성과 호 등은 붙여 쓰고, 이에 덧붙는 호칭어, 관직명 등은 띄어 쓴다.

홍길동 / 현 빈 / 남궁 억 / 박영식 박사 / 강 씨 / 김 부장

넷째, 단위 표기는 식별하기 쉽게 표현할 것

무게, 길이 등을 표기할 때는 바로 식별이 가능하도록 표기하는 것이 좋다. 예를 들어, 킬로미터, 킬로그램, 톤 등의 표현보다는 km, kg, ton 등으로 표현하는 것이 바람직하다.

그 밖에 특수 기호와 문장부호의 표기법 역시 원칙을 정하여 일관성있게 사용하도록 한다.

책 제목이나 신문 이름 등을 표기할 때는 겹낫표(『 』)나 겹화살표(《 》) 등을 사용하는 것이 원칙이다. 그리고 소제목, 그림이나 예술 작품의 제목, 상호, 법률, 규정 등에 대해서는 홑낫표(「 」)나 홑화살표(〈 〉)를 사용하는 것이 일반적이다. 또한 우리가 평소에 별로 대수롭지 않게 넘기기 쉬운 연월일 표시도 분명한 원칙이 있음을 알아야 한다. 2023년 7월 17일 이라고 쓸 수도 있고, 2023. 7. 17. 로 표기할 수 있다. 즉, 2023. 7. 17 이라는 표기는 틀린 것이다. 어쨌든 연월일 표기도 둘 중 하나를 선택하여 일관되게 사용해야 한다.

교열

교열(校閱)은 문장의 어색한 부분을 바로잡는 작업이다. 구체적으로 말하자면 주술 관계, 수식 관계, 더 잘 어울리는 단어와 표현을

찾고 문장과 문단 순서를 바꾸는 작업이다.

이 부분에 대해서는 본서 '02 어떻게 쓸까 ; 글쓰기 기본 기술' 에서 어느 정도 다뤘으므로 여기서는 더 이상 언급하지 않기로 하겠다. 보다 구체적으로 학습하고자 한다면 교정 · 교열 관련 책을 참고하면 될 것이다. (끝)

Epilogue

먼 길을 왔다.

그 동안 직장생활로, 경영컨설팅으로, 대학·대학원 및 기업체 강의로 지내온 세월이 근 30년을 넘겼다. 먹고 살만했으나, 인문학적 사유의 깊이가 천박하여 그런지 모르겠으나 내면의 공허함은 늘상 나의 뇌의 한켠에 진득하게 눌러붙어 있었다.

건방지게도, 이제는 남이 만들어 놓은 시스템이나 이론에 기대어 사는 삶에서 벗어나겠노라고 다짐하고 있지만 아직도 난 그 세계 속에서 허우적대고 있다. 도대체 이러한 패턴의 끝은 언제란 말인가!

2021년 다치바나 다카시의 『자기 역사를 쓴다는 것』을 만나면서 새로운 미래에 대해 생각하게 되었고, 이윽고 2022년 9월에 김호영의 자기 역사를 담은 『미완(未完)의 시간여행』을 출간했다.

그 후, 자기 역사 쓰기 방법론을 쓰기로 작정하여, 오래도록 엉덩이를 붙어있어도 괜찮을 동네 커피숍을 정하여 틈날 때마다, 거의 같은 테이블에 고정석처럼 똬리를 틀고 앉아 글쓰기 작업을 이어왔다. 때로 말도 안되는 나의 글에 한숨이 났고, 유명작가의 글에 못미치는 나 자신에게 절망하기를 밥 먹듯 해왔다. 헐떡거리며 기다시피 달려온 지 일곱 달!

부족하지만 이제 이 녀석을 세상으로 내보낼 때가 되었다. 세상 사람들의 반응이 어떨지는 내 알바 아니다. 최선을 다했으니까.

집필 과정 중에 제3기 자기 역사 쓰기 지도사 교육과정에 참여하신 존경하는 6명의 작가들(권명수, 김인수, 문정흠, 조창현, 최재숙, 한용걸)의 글이 없었으면 이 책이 나오는 데 더 많은 시간이 걸렸을 것이다. 각자가 쓴 자기 역사 쓰기 속에 담겨진 주옥같은 사례들이 있었기에 이 책이 그나마 쓸만한 책이 되었다고 생각한다. 여섯 분들에게 깊이 감사드린다.

이생의 순간이 짧아질수록 일상에서 주어지는 작은 것들이 결코 당연한 것이 아니라는 생각에 천착하게 됨은 비단 나에게만 찾아온 변화는 아닐 것이다. 그럼에도 불구하고 숨을 쉬며 살며 꿈을 꾸는 삶이 아직 나에게 남아있다는 것은 분명 축복이리라.

매일 실수하고, 회개하며 사는 인생일 수밖에 없다는 것에 때로 자괴감이 들지만 아직도 나에게는 쓸만한 사지(四肢)가 붙어있다. 내일은 분명 오늘보다 나을 것이다.!

I can do It.

참고 문헌

- 강 진 외, 손바닥 자서전 특강, 한겨레출판, 2017
- 강원국, 나는 말하듯이 쓴다, 위즈덤하우스, 2020
- 강원국, 나는 말하듯이 쓴다, 위즈덤하우스, 2020
- 권명수 외, 내 발자국의 기록, 씽크스마트, 2023
- 김응교, 김수영 시로 슨 자서전 1921~1968, 삼인, 2021
- 김 훈, 자전거 여행1, 문학동네, 2016
- 김 훈, 자전거 여행2, 문학동네, 2016
- 김 훈, 칼의 노래, 생각의 나무, 2008
- 김경도, 될 수 있다! 교정교열가, 춘명, 2019
- 김응교, 김수영, 시로 쓴 자서전(1921~1968), 삼인, 2021
- 김주환, 회복탄력성, 위즈덤하우스, 2011
- 김중수, 국어시간에 자서전 쓰기, ㈜휴머니스트출판그룹, 2020
- 김혜원, 글다듬기의 기술, 21세기여성, 2021
- 김호영, 미완의 시간여행(1954~2021), 자기 역사 쓰기 국민운동 본부, 2022
- 다치바나 다카시(이언숙 옮김), 자기역사를 쓴다는 것, 바다 출판사, 2018
- 린다스펜스(황지현 옮김), 내 인생의 자서전 쓰는 법, 2016
- 미하이 칙센트 미하이(이희재 옮김), 몰입의 즐거움, 해냄, 2008
- 배상복, 문장기술, MBC프로덕션, 2011
- 빅토르 E.프랭클, 마지막 하나의 자유, 도서출판 다문, 1993
- 안효정, 자서전을 씁시다, 민음사, 2019

- 어윈 쇼우(안정효 역), 어느 여름날의 목소리, 원음출판사, 1984
- 이국종, 골든아워1, 흐름출판, 2018
- 이국종, 골든아워2, 흐름출판, 2021
- 이다겸, 교정 교열 윤문의 시작, 투데이북스, 2021
- 이외수, 글쓰기의 공중부양, 해냄, 2009
- 장석주, 마음을 흔드는 세계 명시 100선, 북오션, 2017
- 정대영, 정대영의 자서전 특강, 뭉클스토리, 2021
- 정희모 외, 글쓰기의 전략, 들녘, 2011
- 조성일, 나의 인생이야기 자서전쓰기, 시간여행, 2017
- 탁석산, 탁석산의 글짓는 도서관, 김영사, 2005

06

부 록

; 자기역사쓰기 강좌안내

자기역사란?

자기역사(自己歷史, Personal History)란, 태어나서 현재까지 자신이 살아온 삶의 궤적, 발자취, 또는 삶의 이력을 의미합니다. 따라서 10년을 산 사람은 10년, 60년을 산 사람은 60년의 자기역사가 있다고 할 수 있겠습니다.

자기역사쓰기의 의미와 가치는?

모든 사람의 역사는 그 자체로 소중하고, 가치 있는 것입니다. 우리가 자신의 역사를 기록하는 이유는 자신의 정체성을 확인하고, 기록과정에서 교훈과 통찰을 얻고, 미래를 올바로 설계함으로써 현재에 집중하기 위함입니다.

강좌 안내

(1) 무료 강좌

단체나 기업 등에서 요청하시면 2시간 무료 특강해 드립니다.

■ 주요 내용

- 어떻게 시작할 것인가? : 지금은 자기역사를 써야 할 시간
- 왜 자기역사를 써야 하는가? : 의미와 가치

• 어떻게 쓸 것인가? : 기억 · 관찰과 기록전략
• 무엇을 쓸 것인가? : 소재 찾기
• 어떻게 마무리할 것인가? : 글 품질관리

(2) 자기역사쓰기 기본 강좌

■ 개요

• 기본과정은 자기역사쓰기의 입문 과정으로써 주로 글쓰기 기본을 훈련합니다.
• 사진 자료, 가족 및 고향 관련 자료들을 통하여 자기역사 쓰기를 지도합니다.

▎교육내용 및 시간표▕

회차	주제	내 용	15분 글쓰기	시간
1	왜 자기역사 쓰기인가?	• 왜 자기 역사 쓰기인가? • 3가지 시제의 전략적 활용 • 자기역사쓰기의 의미와 가치 • 자기역사쓰기에 대한 오해	고향에 대한 추억과 사연(에피소드 중심으로)	2
2	글쓰기 준비	• 문장구조 이해 • 글 화장법 : 수사법의 실제 • 전략적 관찰법 : 視에서 見으로!	가족에 얽힌 사연	2
3	자료를 활용한 글쓰기(1)	• 글쓰기는 자료 싸움! • 사진 자료를 활용한 자기역사 쓰기	청소년기의 희망과 좌절 등	2
4	자료를 활용한 글쓰기(2)	• 출생증명서, 생활기록부, 건강 진단서, 사망 진단서, 상장, 합격증서 등을 활용한 자기역사 쓰기	연애, 결혼, 밥벌이 등	2
5	글 다듬기 및 발표	• 교정, 교열 및 윤문 방법 • 내 글 정리하기 • 자기 역사 쓰기 발표	수료식	2

(3) 자기역사쓰기 지도사(민간자격) 취득 강좌

■ 개요

자기역사쓰기(자서전 · 회고록쓰기 등) 지도사란, 자기역사쓰기 교육부 등록 민간자격을 취득한 후, 평생교육원 · 문화센터 · 공공기관(지자체, 공기업 등) 등에서 자기역사쓰기(자서전, 회고록 등) 관련 교육 · 코칭 · 멘토링 및 컨설팅 업무를 차질없이 수행할 수 있는 역량을 가진 전문가를 의미합니다.

자기역사쓰기 국민운동본부는 잘 짜여진 교육과정을 통하여 역량있는 자기역사쓰기 지도사들을 배출하고 있으며, 정기적인 교류회 등을 마련하여 신뢰있는 동반관계를 맺고 활동하고 있습니다.

■ 학습방향

- 본 과정은 자기역사쓰기 지도사를 양성하기 위한 강좌로써 주로 글쓰기 심화훈련 및 교수법을 동시에 학습합니다.
- 주로 기전체(사건, 인물, 환경, 에피소드 중심) 방식의 자기역사쓰기를 훈련합니다.
- 역사 연표 작성, 마인드맵, 관찰 등 자기역사쓰기를 위한 실제적 접근 방식을 훈련합니다.
- 글 편집 및 프리젠테이션 기법을 훈련합니다.
- 주 1회 · 3시간, 총 30시간 과정으로 약 2.5개월 동안 자기역사쓰기 성과물을 충분히 낼 수 있도록 지도합니다.

■ 자기역사쓰기 지도사 응시 자격

▸ 필기평가

- 교육과정 30시간 중 80%(24시간) 이상 참여하고, 소정의 과제를 제출하신 분에 한하여 필기시험을 볼 수 있는 자격이 주어집니다.
- 교육과정 중에 학습한 글쓰기의 기본과 자기역사쓰기 방법 등에 대한 이론적 내용을 중심으로 20문항을 4지선다형으로 출제하고, 100점 만점에 60점 이상을 합격점수로 하여 당락을 결정합니다.

▸ 실기평가

- 필기시험에 합격한 분에 한하여 실기시험을 볼 수 있는 자격이 부여됩니다.
- 교육과정 중에 제출한 자기역사쓰기 기록물(제목, 목차, 머리말, 본문, 부록 등) 50쪽 이상을 제출하도록 하고, 3명의 심사위원이 평가하여 100점 만점에 60점 이상을 취득하면 자기역사쓰기 지도사 자격을 수여합니다.

❙ 교육내용 및 시간표 ❙

회차	주제(시간)	내 용	15분 글쓰기
1	왜 자기역사 쓰기인가?	• 3가지 시제의 전략적 활용 • 자기 역사 쓰기의 의미와 가치 • 자기 역사 쓰기 지도사의 비전	고향에 대한 추억과 사연 주제 찾기 및 글쓰기
2	글쓰기의 기본전략	• 문장구조 이해 • 글 화장법 : 수사법의 실제 • 글쓰기는 자료 싸움!	가족에 얽힌 사연 주제 찾기 및 글쓰기
3	사건, 현상의 관찰/기억 재생 방법	• 視에서 見으로! • 기억 재생 도구의 활용	관찰한 것 쓰기
4	역사연표 만들기	• 나의 역사연표 만들기 • 한국 현대사 연표 만들기 • 에피소드 만들기	특정 사건(에피소드)에 대해 글쓰기
5	좋은 문장 만들기	• 세상을 바꾸는 힘, 문장! • 목적에 충실, 간결+명확 • 단어선택=문장의 생명 • 단어 위치잡기 결정 외	청소년기의 희망과 좌절, 그리고 갈등
6	자료의 수집과 활용	• 영상, 사진, 문서의 활용 • 인터뷰 및 현장 방문 • 인터넷 검색으로 자료 찾기	연애, 군대, 결혼, 가족에 얽힌 사연
7	자기 역사 쓰기 기획	• 자기 역사 쓰기 방향 결정 • 편년체·기전체의 선택과 목차 • 프롤로그 및 에필로그 쓰기	밥벌이의 희로애락
8	글 품질관리	• 교정, 교열 및 윤문 방법 • 내 글 정리하기	용서와 화해, 미래이력서
9	작품 발표 및 피드백	• 자기 역사 쓰기 발표 및 피드백	5분 발표
10	자격시험	• 필기 시험 • 성과물 심사 • 자격심사 최종 결정	자격조건 심사 및 자격 수여식

지금은 자기역사를 써야 할 시간

인 쇄 2023년 9월 10일
발 행 2023년 9월 15일

저 자 김 호 영
발행인 임 영 철
발행처 도서출판 신화M&B
주 소 서울시 중랑구 신내역로 111
전 화 02-833-5145~6
팩 스 02-848-2498
등록번호 301-2010-034
홈페이지 shmnb.com

정가 18,000원

ISBN 978-89-5534-275-8 93190